트위터, 그 140자 평등주의

팸플릿
5

트위터,
그 140자 평등주의

이택광

박권일

김민하

최태섭

김남훈

자음과모음

책을 내며

언제부터인가 SNS social network service, 사회관계망 서비스는 우리의 일상에서 빼놓을 수 없는 요소인 것처럼 보이게 되었다. 이런 현상에 대한 다양한 분석들이 있지만, 무엇보다도 '관계'를 만들어내는 사회적 속성을 SNS가 그대로 재현하고 있기 때문에 폭발적인 인기를 끄는 것이라고 평가할 수 있겠다. 이 '관계'야말로 주체화를 가능하게 만드는 조건이다.

통계에 따르면 흥미롭게도 여성이 남성보다 훨씬 더 많이 SNS를 사용한다고 한다.* 남녀 성차가 인터넷을 통해 더욱 부각되고 있다는 것은 무엇을 말해주는 것일까? 여러 가지로 추측 가능하겠지만, 그 이유는 무엇보다도 사회에서 여성이 차지하는 지위가 남성보다 주도적이거나 지배적이지 않기 때문일 것이다.

SNS가 다른 이의 욕망을 위한 거울이라는 사실을 상기한다면, 이런 통계 결과를 이해할 수 있는 하나의 실마리를 발견할 수 있겠다. 물리적인 인간관계보다 시공간을 초월할 수 있는 SNS는 훨씬 더 폭넓은 공감대를 만들어내기에 용이한 것처럼 보인다. SNS는 진열장에 가지런히 놓인 상품처럼 자신을 포장할 수 있게 해주는 것이다. 세밀하게 기획된 자신의 일상을 찍어서 올리고, 그것을 통해 일상의 초라함을 잊어버릴 수 있는 유혹이 SNS에 있다.

이런 까닭에 솔직하게 말하자면 SNS의 본질은 '자랑질'이다. 따라서 SNS의 사용자들은 대체로 자신의 쾌락을 드러내고 보여주면서 기쁨을 느낀다고 할 수 있는데, 이 과정에서 쾌락에 대한 일정한 합의와 동의를 이끌어내는 것이 SNS의 주요 기능인 셈이다. 이른바 공감의 기술이 SNS에서 필수적

---

*   2012년 6월 25일 자 영국의 『데일리텔레그래프』는 리처드 조이너 박사의 통계를 인용해서 "남성보다 여성이 훨씬 SNS에 끌린다"는 소식을 전했다. 인터넷이 남녀 성차를 좁히기보다 오히려 더 넓히고 있음을 알 수 있다는 결론이었다. http://www.telegraph.co.uk/technology/social-media/9354182/Women-more-attracted-to-social-networking-sites.html

인 까닭도 이 때문이다. 누군가 반응을 보일 때, 사연이나 사진을 올린 주인공들은 마치 스포트라이트를 받은 연예인들처럼 설레는 경험을 한다.

SNS는 수혜자와 피해자를 동시에 만들어내는 아이러니한 매개이다. 자신을 알리기 위해 사용하는 SNS의 특성상, 문제가 발생했을 때 본인의 의사와 상관없이 사생활이 공개될 수 있다. 이렇게 될 경우에 역시나 사회적으로 약자일 수밖에 없는 여성이 집단적 공격의 표적이 될 수밖에 없다. 이른바 '~녀'는 이 사실을 적절하게 증명한다. 같은 잘못을 하더라도 남성과 여성이 했을 때 그 반응들은 각각 다르다. 말하자면, SNS는 명백하게 성차라는 사회적 차이를 그대로 보여주는 것이라고 할 수 있다.

이 책은 SNS 중에서도 한국에서 가장 인기를 끌고 있는 트위터에 대해 논하고 있다. 페이스북보다 트위터에 더 많은 열정을 쏟는 현상은 인터넷 토론의 연장선에서 생각해볼 수 있을 것이다. 그러나 이런 특성을 발견하는 차원을 벗어나서 지금 현재 진행 중인 사태를 조망한다면, 아즈마 히로키가 『일반의지 2.0』에서 이야기한 '총기록 사회'에 육박하는 진실을 확인할 수 있다.

> 지금 우리는 누가 언제 어디에서 무엇을 갖고 싶어 했고 어떤 행동을 했는지, 본인은 기억하지 못해도 환경이 이를 기록하는 그런 시대를 살아가고 있다. 현대사회는 이미 본인의 기억이 아니라 기록에 의존해서 사람을 평가하고 고용이 결정되며, 때로는 판결까지 받는 사례로 가득하다. 예를 들어 인터넷 검색에만 의존해서 정치가나 연예인의 발언에서 모순을 발견하고 그들을 공격하는 인터넷 이용자들을 보라.*

이제 인터넷은 바깥을 가지지 않게 되었다. 인터넷이 곧 '우리 모습'을 드러내는 거울이라고 했을 때, 또는 SNS가 '나'를 만들어내는 주체화의 과정이라고 했을 때, 상황은 이처럼 심각한 철학적 의미를 내포하고 있는 것이라고 할 수 있다. 아즈마 히로키는 이와 같은 환경 변화로 인해 머지않아 20세기 중요한 철학의 문제였던 주체, 책임, 증언, 동일성 같은 개

---

* 아즈마 히로키, 『일반의지 2.0』, 안천 옮김, 현실문화, 2012, p. 89.

념들이 크게 바뀔 수밖에 없게 될 것이라고 주장한다.

'총기록 사회'에서 자기 자신의 의지는 별반 의미를 갖지 못한다. 능동적인 의지에 따라 이루어진 행동이라고 해도 모두 데이터로 바뀌어서 축적되기 때문이다. 이 책은 이런 관점에 근거해서 한국 사회에서 발현되고 있는 '트위터 현상'을 짚어보는 것을 목적으로 한다. SNS로서 트위터가 작동하는 방식이나 거기에 담겨 있는 정치적인 의미, 그리고 일상생활과 트위터의 관계에 대한 다양한 이야기들이 펼쳐질 것이다.

이택광의 「트위터라는 히스테리 기계」는 트위터에서 드러나는 교환과 평등이라는 '근대성의 원리'를 주체화의 과정과 관련해서 논한다. 박권일의 「소셜 미디어의 겉과 속」은 트위터와 한국 사회의 정치 상황에 대한 통찰력 있는 분석을 제공한다. 김민하는 PC통신부터 인터넷까지 매체의 발달사를 통해 SNS가 시대적으로 갖는 의미를 자세히 설명한다. 최태섭의 「셀러브리티를 위한 트위터 사용법」과 김남훈의 「나에게 트위터란」은 앞에서 논의된 일반론을 좀 더 구체적인 경험과 사례에 대입해서 트위터의 본질을 해부하고 있다.

아무쪼록 이 작은 책이 발 빠르게 변화하고 있는 미디어

환경을 이해할 수 있는 작은 준거점이 되었으면 하는 바람이다. 원고를 묶어서 책으로 발간할 수 있게 기회를 제공해준 강병철 사장과 김유정 편집자에게 감사한다.

2012. 08. 01.
필자들을 대표해서 이택광 쓰다.

기술적 대상은 발생되는 것이다.

—질베르 시몽동

차례

책을 내며 | 이택광 5

1장 트위터라는 히스테리 기계 | 이택광 15

2장 소셜 미디어의 겉과 속 | 박권일 39

3장 PC통신부터 SNS까지 | 김민하 67

4장 셀러브리티를 위한 트위터 사용법 | 최태섭 89

5장 나에게 트위터란 | 김남훈 109

1장

트위터라는 히스테리 기계

—— 이택광

> 빛은 사물과 더불어 멸망하고 말 것이오.
> ―『파우스트』

사물과 빛

괴테의 『파우스트』에서 메피스토펠레스는 허무주의의 극단을 보여주는 '부정의 정령'이다. "생성하는 일체의 것은 필히 소멸하기 마련"이니, 아예 처음부터 생성하지 않는 편이 낫다는 것이다.* 메피스토펠레스는 자연을 없애고자 했지만, 그 왕성한 생명력을 이겨낼 수 없었다. 그래서 파우스트에게 접근해서 세상을 멸망시킬 새로운 계책을 꾸몄던 것이다. 대우

---

*　요한 볼프강 폰 괴테, 『파우스트1』, 이인웅 옮김, 문학동네, 2009, p. 88.

주를 이길 수 없으니, 소우주인 인간을 이용해서 목적을 달성하겠다는 뜻.

메피스토펠레스에게 인간은 자기 자신을 전체라고 생각하는 "조그마한 바보들의 세계"이다. 이 바보들의 세계는 빛으로 이루어져 있지만, 사물에 달라붙어 있는 빛은 사물의 소멸과 더불어 사라질 수밖에 없다는 것이 메피스토펠레스의 논리이다. 결국 어둠이 승리할 것이라는 이 악마의 생각은 파우스트의 지식이라는 빛을 이용해서 사물을 제압해서 어둠을 불러들이려는 역설을 도모한다.

『파우스트』에 등장하는 이런 설정은 계몽의 양가성을 보여준다. 빛이 있기에 어둠도 있다. 사물을 비추는 것이 빛이라는 생각은 고대 그리스적인 것이다. 그리스 철학자들에게 앎은 어두운 곳에 빛을 비추는 것이었다. 따라서 빛을 사물에 비춘다는 메피스토펠레스의 이야기는 계몽 이성의 속성이기도 하다. 지식의 정점에 있는 파우스트는 칸트의 개념으로 본다면 공적 이성이지만, 메피스토펠레스의 유혹에 넘어가서 '세상으로 나아온다'는 측면에서 사적 이성으로 변화한다. 사적 이성은 결국 전문가이고, 파우스트는 거대한 도시계획을 수립해서 악마의 바람대로 세상을 파괴하게 되는 것이다.

이 에피소드가 말하는 것은 무엇일까? 독일 철학자 아도르노의 경고 이전에 이미 괴테는 계몽의 변증법에 드리워져 있는 어두운 측면을 먼저 자각했던 것이라고 할 수 있다. 물론 『파우스트』에서 합리성의 그늘에 대한 이야기를 발견하는 것은 어쩌면 식상한 일인지도 모른다. 오히려 주목해야 할 것은 메피스토펠레스가 빛과 사물의 관계에 대해 진술하는 대목이다. 빛은 사물과 함께 멸망할 수밖에 없을 것이라는 예언은 무슨 뜻일까? 빛은 사물을 투과할 수 없다. 빛은 사물로부터 흘러나와, 사물을 아름답게 빛나게 한다. 그렇기에 사물이 없어진다면, 빛도 사라지는 것이다. 알아야 할 대상이 없다면 앎도 필요 없는 것.

SNS라는 새로운 기술적 환경은 『파우스트』에서 말하는 계몽의 문제와 밀접한 관련성을 가진 것처럼 보인다. 말 그대로 '소셜 네트워크'를 만들어내는 기술인 SNS는 시공간의 한계를 뛰어넘는 합리성을 만들어낸다. 합리성이라는 소통의 공간은 SNS라는 기술에 이르러 이상의 현실화를 경험한다. 한국 사회의 경우 트위터는 특히 '토론'의 도구로서 사용된다는 점에서 특이성을 보인다. 처음 트위터가 미국 사회에 론칭되었을 때 사람들은 '공짜 문자'를 보낼 수 있는 도구가 생겼다고 생각했지만, 한국 사회에 유입되면서 이런 선입견은 급격하게 수정되었다.

트위터와 평등주의

이전에 발달한 인터넷 게시판 문화 덕분인지, 트위터는 한국에서 신속하게 기존 게시판과 블로그 문화를 대체하면서 '만인의 발언대'로 바뀌어갔다. 게시판과 블로그가 시간 단위로 일상을 재현했다면, 트위터는 초 단위로 삶을 '중계'하는 역할을 하고 있는 것이다. 거대한 '텍스트 메시지 기계'가 사회를 점유해버린 것이 지금 목격하고 있는 트위터 문화라고 하겠다. 트위터가 이렇게 쉽사리 대중의 일상으로 파고들어갈 수 있었던 까닭은 무엇일까? 트위터의 장점은 실시간으로 자신의 느낌을 올릴 수 있다는 동시성에 있다. 그러나 이런 동시성을 뒷받침하는 것은 140자 이내로 자신을 표현할 수밖에 없다는 기술적 한계이다.

트위터는 140자 이내로 글자를 맞춰서 전송해야 한다는 결정적 문제가 있다. 물론 이런 한계는 한국어에 더 유리한 조건이기도 하다. 영어의 경우 140자를 맞출 경우 내용이 극도로 제한될 수밖에 없다는 문제가 있다. 그러나 한국어는 이런 영어의 제한성을 일정하게 넘어설 수 있다는 장점을 가진다. 트위터를 제한하는 140자는 한국어의 특징과 맞물려서 흥미로운 효과를 발휘하고 있는 것이다.

140자 이내에서 작문해야 한다는 트위터의 속성은 한국 사회의 평등주의와 연동한다. 한국 사회에서 평등주의는 제도적 과정을 통해 평등을 보장해야 한다는 공리주의와 충돌하는 이데올로기이다. 증명할 수 없는 자명한 교리가 바로 평등주의이다. 모든 인간이 법 앞에 평등하다는 사실을 각인시킨 것이 근대라고 한다면, 한국적인 평등주의는 법이라는 절대 범주를 설정하지 않는다. 법조차도 평등을 저해하는 요인이라고 생각하는 경향이 강한 것이다.

140자 이내로 작문해야 한다는 한계는, 아무런 조건 없이 평등 자체를 절대적인 것으로 받아들이는 한국 사회의 분위기와 맞아떨어진다고 할 수 있다. '너도 즐기는 만큼 나도 즐겨야 한다'는 쾌락의 평등주의는 트위터에 이르러 기술적인 조건을 만난 셈이다. 물론 1인 미디어 시대는 인터넷 게시판과 블로그에서 만개했고, 이것이 일정하게 한국에서 '시민사회'를 구성했다는 것을 부정하기 어렵다. 그러나 인터넷 게시판과 블로그는 1인 미디어이고 '아무나' 쓰고 만들 수 있는 것이긴 하지만, 일정한 훈련을 필요로 한다는 점에서 무차별 대중에게 편안한 접근성을 허락한 것은 아니다.

최소한 아고라 같은 포털 토론 게시판이나 자신의 블로그에 글을 쓰려고 해도 어떤 노력이 필요했다. 자기의 색채를 드러내거나 주장을 분명하게 표현해야 했던 것이다. 특히 인터넷 게시판이나 블로그의 속성상 댓글로 논쟁이 벌어지면 그에 대한 반론들을 논리적으로 제시해야 한다는 문제점이 있었다. 말하자면, 냉소와 야유를 던지는 것 이상 어떤 토론의 기술이 필요했던 셈이다. 그러나 트위터에 오면 상황은 달라진다. 트위터는 기본적으로 140자 이내로 의견을 주고받는다는 제한성뿐만 아니라, 자신이 원하는 사람들의 말만 듣고 대화를 나누는 기능을 가지고 있다.

팔로워 기능이 그것인데, 이 때문에 페이스북보다는 덜 폐쇄적이지만, 결과적으로 트위터도 자기 자신에게 듣기 좋은 소리를 하는 이들을 중심으로 끼리끼리 소통이 이루어질 수밖에 없다. 물론 이렇게 끼리끼리 소통을 하면 영향력은 그렇게 크지 않다. 이른바 '파워 트위터리안'이 되고자 한다면, 특정한 소수의 입장을 대변하기보다, 일반적인 상식의 수준에서 지속적으로 발언을 해야 하는 것이다. 게다가 트위터는 현실의 위계가 그대로 반영된다는 측면에서 '새로운 것'을 고양시키고 발전시킨다기보다 이미 인준받고 수용 가능하게 된 것들이 서로 소통된다는 특징도 드러낸다. 트위터는 상식을 강화하고, 알고 있는 사실에 대한 확인을 반복한다. 이런 면에서 트위터에서 새로운 것을 발견하기란 쉽지 않다.

괴테가 메피스토펠레스의 입을 빌려서 이야기한 그 사물에 달라붙어 있는 빛의 한계가 이 지점에서 적나라하게 드러난다. 트위터라는 빛나는 모니터 속에 담겨 있는 도구는 소통을 주고받는 그 욕망의 대상에 붙어 있다. 이 빛을 소멸시키려면 사물을 없애버려야 하겠지만, 자본주의는 이 사물의 원리에 맞춰 움직이는 체제이기에 이런 시도는 허무한 결과만을 낳을 뿐이다. 자본주의의 사물은 바로 상품이다. 문제는 상품 자체라기보다 이것의 가치를 결정하는 방식이다. 상품의 가치는 내재적인 것이 아니라, 상품과 다른 상품의 관계, 정확하게 말하면, 화폐라는 존재하면서도 존재하지 않는 다른 상품의 매개를 통해서 형성된다.

물론 트위터가 직접적인 상품의 가치를 체현하고 있는 것은 아니다. 트위터는 이 가치를 통해 규정된 상품의 사물성에 들러붙어 있는 빛에 불과하기 때문이다. 상품의 사물성을 일컬어 마르크스는 '물신성'이라고 했다. 이 물신성은 있다고 말할 수도 없고 없다고 말할 수도 없는, 유령 같은 객관성이다. 어떤 상품의 가치가 1000원이라면, 그 가치는 실제로 교환관계에서 발생한 화폐가치이지 상품에 내재한 가치는 아니다. 그렇다고 해서 그 특정한 가치가 그 상품의 가치가 아니라고 말할 수도 없다. 실제로 상품은 그 가치에 근거해서 유통되기 때문이다. 이것이 사물성이라고 한다면, 트위터는 이런 사물성의 원리를 모니터를 통해 훤하게 보여주는 빛인 셈이다.

트위터는 상품이라고 보기 어렵지만, 상품의 원리를 체현하고 있다. 트위터가 사용자를 유혹하는 방식은 상품의 그것과 동일하다. 상품은 소비자에게 사용가치를 가진 것처럼 보이게 만들어서 구매욕을 자극한다. 트위터 역시 그렇다. 트위터 자체에 어떤 가치가 체현되어 있다고 보기 어렵다. 그러나 이 트위터를 계속 유지시키는 것은 무엇인가 교환하는 관계를 자꾸 만들어낼 수 있기 때문이다. 트위터는 마치 '삶 자체'인 것 같은 이미지를 만들어낸다. 실체가 아니지만 현실을 구성한다. 이 현실이 우리를 유혹하는 것이다.

정념의 교환

트위터를 통해 교환되는 것은 무엇인가? 그것은 바로 정념이다. 이른바 '맞팔'은 정념의 교환이다. '친구 관계'를 맺는 것이 트위터의 목적이겠지만, 실시간으로 자신의 상태를 트위터에 알리는 그 행위는 단순한 친구 이상의 의미를 만들어낸다. 정형화할 수 없는 내 자신의 정념이 순식간에 나타났다가 사라지는 '배치'가 트위터이다. 트위터에서 이루어지는 교환은 등가적이지 않지만, 종종 등가적이지 않은 교환에 대한 불만의 목소리가 높아지기도 한다. 소통이라는 명목으로 요청되는 이 등가교환의 원리는 소통되지 않는 것들을 배제하는 논리를 정당화하는 것이기도 하다. 그래서 트위터는 다양한 목소리보다도 특정한 목소리를 중심으로 결집력을 발휘하는 성향을 보인다. 이것이 바로 140자 평등주의를 체현하고 있는 트위터의 특징이다.

교환되지 않는 것을 시야에서 사라지게 만드는 이 방식은 빛의 원리를 연상시킨다. 밝은 곳이 나타나는 만큼 어두운 곳이 발생한다. 트위터 평등주의는 이런 문제점을 내포한다. 평등을 주장하되 '어떤' 평등인지에 대한 자각이 없을 수 있다. 140자 내로 모든 것을 표현해야 하기 때문에 언어는 분절되고, 논리는 비약한다. 그래서 새로운 사실에 대한 전달보다 이미 알고 있는 사실들에 대한 확인이 더 용이해진다. 결국 이런 원리에서 정념의 아귀가 맞는 이야기들만 확대 재생산된다. 이에 따른 문제점이 드러난 것이 바로 지난 총선의 경험이다. 많은 이들이 트위터에 2002년 인터넷 게시판의 역할을 기대했지만, 결론적으로 트위터 여론은 찻잔 속의 태풍이었다는 사실이 드러났을 뿐이다.

트위터는 트위터 속의 이야기만을 반복해서 만들어냈다. 트위터 여론이 전체 여론을 반영하지 못한다는 사실이 지난 총선에서 드러난 것이다. 이로부터 트위터는 공론의 장이라기보다 사생활을 드러내는 '전시장'이라는 사실이 더욱 확실해졌다. 알렉스 클락은 가디언에 기고한 칼럼에서 트위터를 일컬어 "수다는 떠는 포럼에 그치지 않고 무엇이 사적인 것이고 그렇지 않은 것인지에 대한 생각을 다시 하게 만드는 것"이라고 평가했는데, 이런 결과는 한국의 경우에 비추어 봐도 설득력을 갖는다고 할 수 있다.* 어떻게 생각하면, 트위터

---

*   http://www.guardian.co.uk/technology/2012/jun/09/twitter-privacy-melissa-stetten

에 구현되어 있는 평등주의는 '사생활'의 평등주의일지도 모른다. 모두가 자신의 사생활에 대해 말할 권리를 갖는다는 것이 트위터의 원리이다. 이 지점에서 알고 싶지 않은 사생활은 차단할 수 있는 트위터의 기능이 의미를 갖는다.

결국 이 문제는 '자기 결정'이나 '자기 선택'이라는 자유주의적인 원리와 무관하지 않다. 이런 까닭에 트위터의 평등주의는 언제나 모순을 내포하는 것처럼 보인다. 이 모순에 대한 사이토 준이치의 지적은 흥미롭다.

> 우리가 '자기 결정'이나 '자기 선택'의 주체로 표현될 때, 이 '자기'에는 이미 사회에 대한 규정성이 짙게 배어 있다. 사회의 지배 이데올로기에 따라 과도한 아이덴티티 혹은 열등한 아이덴티티를 감당해온 사람들이 이런 '자기'의 아이덴티티에 근거해 선택이나 결정을 한다면 '자기' 그 자체는 그/그녀에게 부자유의 원천이 될 수밖에 없다.*

---

* 사이토 준이치, 『자유란 무엇인가』, 이혜진 외 옮김, 한울, 2011, p. 117.

사회의 지배 이데올로기를 통해 잘난 존재이거나 못난 존재로 '분류'되어온 주체에게 '자기'를 기준으로 자유로운 결정을 하라고 권유한다면 오히려 반발을 초래할 것이라는 논리이다. 에리히 프롬이 말하는 '자유로부터 도피하는 주체'를 여기에서 발견할 수 있다. 그래서 필요한 것이 미리 이런 자기 결정의 자유를 상상해볼 수 있는 '상상 영역'이다. 한국 사회에서 인터넷이 자유로운 개인을 실험하는 상상 영역의 역할을 해왔다는 것은 인정할 수 있는 사실이다. 그러나 트위터가 과연 이런 경험을 적절하게 계승하고 있는지 의문이 들 수밖에 없는 결과를 지난 총선에서 확인했던 것이다.

트위터는 주체화의 과정과 관련을 맺고 있다. 이렇게 만들어지는 주체는 타자의 욕망을 향해 끊임없는 관심을 보인다는 점에서 히스테리적이다. 히스테리적 주체는 타자의 욕망을 내화한 주체이기도 하다. 타자의 결여에 자신의 욕망을 일치시키는 히스테리적 주체야말로 복제의 과정을 통해 끊임없이 '주관적인 것'을 변화시키는 주체이다. 강박적 주체와 달리 히스테리적 주체는 타인의 욕망에 관심을 보인다. 이 관심은 일방적으로 타인에게 자신을 헌신하는 것이라기보다, 타인에게 헌신할 수 있는 핑계 자체를 갈구하는 것에 다름 아니다.

따라서 트위터가 만들어내는 환경은 타인의 욕망을 훔쳐보는 것과 동시에 자신의 욕망을 은근히 드러내는 행위를 더욱 강화한다. 욕망의 속성은 그 대상의 끊임없는 교체를 전제한다. 그래서 욕망은 변화무쌍하다. 일정하게 사회가 허락하는 쾌락원칙에 근거해서 우리는 안전한 욕망만을 인준하려고 하지만, 병든 과잉의 욕망은 선을 넘어가기 일쑤이다. 금지는 항상 과잉의 욕망에 위협받고, 트위터는 이 위협의 조건을 더욱 강화한다. 이런 방식으로 트위터는 타자의 욕망에 자신을 복속시키는 과정을 더욱 가속화한다.

트위터와 주체화

주디스 버틀러는 『전쟁의 프레임』에서 인터넷과 같은 미디어 컨버전스 환경이 만들어내는 새로운 차원에 대해 언급하고 있는데, 복제가 되는 순간 그 대상은 본래적인 맥락에서 떨어져 나와 전혀 다른 의미를 획득하게 된다는 것이 주장의 요지이다. 이런 논의를 확대해서 스마트폰 환경에 적용해보면, 만인이 만인을 실시간으로 확인할 수 있는 이 '부드러운 공간'은 벤야민과 버틀러가 주장하는 '복제성'의 문제와 밀접하게 관련을 맺고 있는 것이기도 하다. 기본적으로 주체화의 문제는 '거울 단계'를 전제한다. 그 거울이 언어이든 문화적 규범이든, 우리는 사회적인 구조에 우리를 '비추어 봄mirroring'으로써 주체를 정립한다.

이 주체는 '정립'되긴 하지만, 우리의 의지로 인해 가능한 것이 아니라 객관적 조건에 의해 이루어진다. 주체는 언어 속으로 '떨어짐falling'으로써 나타난다. 따라서 주체는 공간적이지만 초시간적이다. 한번 나타난 주체는 끊임없이 반복 복제된다. 말하자면, 언어화라는 상징적 거세를 통해 사회로 진입한 주체는 최초의 원본 주체를 복제하면서 자기 자신을 반복하는 것이다. 당연히 이 복제의 과정을 통해 주체는 지속적으로 새로운 맥락에서 주체와 환경 사이를 부유하며 '정치화'한다.

트위터는 복제의 과정들에 직접성과 동시성을 부여한다. 이 직접적이고 동시적인 복제의 과정을 통한 주체화야말로, 정치적 내용 없는 형식의 정치성을 극대화하는 메커니즘인 것이다. 트위터라는 새로운 인터넷 통신수단의 만남은 이런 복제의 정치화를 더욱 강화하는 역할을 한다. 블로그에 비해 트위터는 즉흥적이면서 동시에 직접적이다. 실시간 대화를 통해 원격화되어 있는 상대방과 교감을 확보하려는 노력은 여러 가지로 해석 가능하겠지만, '보는 동시에 보여주는 존재'로서 자신을 정립하는 히스테리적 주체의 원리와 무관하지 않다고 하겠다.

히스테리적 주체는 타자 없는 주체화의 불가능성을 증명한다. 타자 없이 홀로 서는 주체가 있을 수 없다는 것을 보여주는 것이다. 그래서 히스테리적 주체의 발화는 언제나 타자에게 의존한다. 무엇인가 발화한다는 것은 근본적인 요구demand의 양상이다. '나를 사랑한다면 ○○○를 사용하세요'라는 구조가 여기에서 드러난다. 오직 말하는 것만이 요구된다. 히스테리적 주체는 침묵할 수가 없다. 히스테리적 주체가 묻는 것은 단 하나이다—"나는 누구인가요?" 그리고 이 질문은 "나는 당신이 말하는 그 '사람'입니다"라는 대답을 내포한다. 그러나 타자는 어떤 특정한 사람을 '지칭'할 수가 없다. 따라서 히스테리적 주체는 궁극적으로 "나는 누구인가요?"라는 물음에 "나는 당신이 말하는 '그것'입니다"라는 대답을 내놓아야만 한다.

히스테리적 주체는 주체와 대상의 구분을 전제한다. 이런 구분이 가능한 것은 언어 때문이다. 이 언어의 구조 위에서 히스테리적 주체는 욕망의 변증법을 작동시킨다. 이 과정에서 얻어지는 앎은 언제나 모호하다. 히스테리적 주체는 대상의 자리에 자신을 위치시킴으로써, 이 앎의 모호성을 넘어서고자 하지만, 이런 시도는 앎의 한계까지 주체를 한껏 고양시키는 것이다. 이것을 라캉은 진리라고 부른다. 따라서 히스테리적 주체는 타자를 향해 자신의 욕망을 지향시키고, 마침내 그 한계에서 과잉의 차원을 드러내는 주체인 것이다.

실제로 자본주의가 생산하는 주체야말로 히스테리적 주체이다. 이 주체는 자본에 지배당하면서 즐거움을 만끽한다. 인터넷은 자신을 타자에 복속시킴으로써 즐거움을 누리려는 히스테리적 주체의 특징을 고스란히 보여준다. '실시간 인기 검색어'가 대표적인 실례이다. 또한 트위터는 무엇인가 끊임없이 타자에게 말을 걸 수밖에 없는 히스테리적 주체의 속성을 체현하고 있다. 스마트폰과 같은 이동 기기에 기반을 둔 트위터는 이 모든 속성을 직접성의 '시간 없음'에 위치시킨다. 이렇듯 언제든 어디에서든 사용 가능한 트위터는 주체가 완벽하게 타자에 속한다는 사실을 증명하는 사례인 셈이다.

우리가 관심을 가져야 하는 것은 트위터 자체는 아닐 것이다. 오히려 트위터라는 새로운 매체와 주체화의 과정에 대해 사유하는 것이 지금 필요하다. 이런 매체는 공간적으로 가까운 관계와 먼 관계 사이에 가로놓인 차이를 사라지게 만든다. 그리고 이 문제는 단순하게 기계장치의 문제가 아니라, 후기 자본주의 사회가 만들어놓은 거대한 디지털 네트워킹과 연동하는 주체화의 메커니즘 문제이다.

아즈마 히로키는 『일반의지 2.0』에서 이 문제에 대한 흥미로운 논의들을 보여주고 있다. 그는 인터넷을 '무의식의 가시화'라고 파악하면서, 정책 결정에 인터넷 여론을 활용해야 할 필요성을 제기한다. 그는 아렌트나 하버마스의 의사소통에 근거한 '숙의 민주주의'와 다른 '민주주의 2.0'을 제안하는데, 여기에서 '민주주의 2.0'이라는 정의는 '총기록 사회'의 '데이터베이스화'와 무관하지 않다. 한마디로 인터넷이라는 것을 거대한 기록 기계로 보고 여기에 이용자의 일상이 데이터베이스로 바뀌어서 저장되고 있는 현실을 개념화한 것이다.

아즈마 히로키는 트위터를 지칭해서 "미디어론 혹은 사회학적으로 사람을 무수의 분단된 공동체, 소위 '섬-우주'에 갇히게 하는 역할을 하는 서비스"라고 말한다.* 이런 까닭에

---

* 아즈마 히로키, 『일반의지 2.0』, 안천 옮김, 현실문화, 2012, p. 232.

트위터 이용자들은 "지금 세계에서 무슨 일이 일어나고 있는지, 세상에서 화제가 되고 있는 것은 무엇인지 신경을 쓸 필요가 전혀 없다"는 것이 그의 주장이다.* 이런 진술은 지금 한국에서 일어나고 있는 트위터의 상황과 사뭇 다른 것처럼 보인다. 오히려 한국은 '세계에서 무슨 일이 일어나는지'를 알기 위해 트위터를 들여다봐야 하기 때문이다.

물론 아즈마 히로키는 트위터의 다른 측면으로 "섬-우주를 횡단해서 이용자를 각자의 작은 소통 공간 외부로 반강제로 끌어내는 기능"을 지목한다.** 그러나 그는 리트윗이라는 기능을 통해 트위터는 자기만의 섬-우주를 횡단할 수 있다고 말한다.

> 전술한 바와 같이 트위터에서는 원리상 전쟁이 일어나든 혁명이 일어나든 전부 무시하고 친구와 수다를 떨 수 있다. 하지만 현실에서는 일정 정도 팔로우 수가 있으면 전쟁이나 혁명의 정보는 누군가에 의해 리트윗되어 반드시 타임라인에 침입해 온다. 그리고 이것을 계기로 이

---

*   같은 책, p. 233.
** 같은 책.

름도 모르는 발언자를 우연히 새롭게 팔로우하게 될지도 모른다. 이러한 우연이 쌓여 자기도 모르게 타임라인의 통일성과 친밀성은 무너지고, 어느새 꽤 다양한 트윗이 뒤섞인 공간으로 변모한다 — 이것이 트위터 최대의 매력이다.*

이런 지적은 타당하지만, 자기가 보고 싶지 않은 트위터를 블록할 수 있는 기능을 감안한다면, 리트윗이 '섬-우주'를 횡단하게 만드는 결정적 기능은 아니라는 생각이다. 그래서 트위터에 대한 아즈마 히로키의 낙관은 다소 단면적이라는 느낌을 지우기 어렵다. 게다가 히로키는 트위터 행위가 궁극적으로 '주체화'라는 중요한 정념의 문제와 결합되어 있다는 사실에 대해 통찰력 있는 논의를 보여주지 못한다. 그는 다분히 '기술결정론'에 편향된 입장으로, 트위터의 기술이 '이중구조'를 유지하도록 만드는 결정적 요인인 것처럼 서술하고 있기도 하다.

한국의 트위터에서 벌어지고 있는 실상들을 관찰해보

---

* 같은 책, p. 234.

더라도, 아즈마 히로키가 언급하고 있는 트위터의 장점은 정념의 과잉으로 초래되는 다른 문제들을 보완해주지 못한다. 말하자면, 트위터는 '논의'나 '소통'을 위한 도구라기보다 무의식의 정념을 표출시키는 거울상이라고 할 수 있다. 이때 무의식은 아즈마 히로키가 말하는 것처럼 의식과 '다른 것'이 아니라 바로 그 의식의 일부로서 작동하는 것이다. 무의식의 가시화가 곧 의식이라는 사실을 그는 깨닫지 못하고 있다. 트위터야말로 해당 사회에서 벌어지고 있는 의식 활동 자체라는 사실이 중요하다. 이런 맥락에서 트위터라서 특별하게 소통이 이루어지지 않는다기보다, 소통 자체가 트위터에서 드러나는 불통의 요소들로 구성되어 있다는 진실을 파악할 필요가 있다. 이 진실은 다른 무엇도 아닌 '근대성'이라고 불리는 이 세계의 딜레마를 말해주는 것이기도 하다.

결론

트위터라는 인터넷 네트워킹의 방식은 '타자를 향해 수다 떨기'라는 주체화의 원리를 체현하고 있는 것이다. 자본주의가 만들어낸 히스테리적 주체는 이렇게 자기 자신을 보여주고,

또한 동일한 방식으로 타인의 행위를 바라보면서 자신의 존재감을 확인하고 싶어 하는 것이다. 이 확인의 행위가 곧 즐거움의 원천이고, 공동체의 '교환'을 인준하는 쾌락원칙의 발현이다. 자본주의의 발전이 끊임없이 붕괴시키는 인간관계를 회복하는 것이 아니라 '대체'하기 위한 방식이 트위터라고 볼 수 있다. 트위터는 이 관계의 대체를 더욱 실감나게 만들고 있는 중요한 변화의 일부분이라고 하겠다.

주체화는 의미화와 재현의 과정을 통해 이루어진다고 볼 수 있다. 의미화라는 것은 언어의 교환 행위를 통해 발생한다. 예를 들어, 나무를 나무라고 지칭했을 때 모두 나무라고 알아듣는 것이 이런 교환 행위의 결과이다. 의사소통을 가능하게 만들어주는 교환 행위는 일정하게 화폐의 기능을 닮아 있다. 따라서 의미화는 상징적인 과정을 내포한다고 볼 수 있다. '벌레 먹은 장미'라는 상징이 어떤 의미를 내포하고 있는 것처럼, 언어 행위는 상징적인 해석을 따라오게 만든다.

그러나 이런 상징적인 행위로 작동하는 의미화는 언제나 '권력'의 관계를 떠나서 생각할 수가 없다. 교환의 형식은 이 관계를 말끔하게 제거한 공평무사한 얼굴로 앉아 있지만, 실제로 '유전 무죄, 무전 유죄'는 부정할 수 없는 진실이다. 이런 관점에서 트위터와 같은 소셜 네트워크는 현실의 관계를 재현하는 것이지만, 현실 자체를 그대로 옮겨놓는 것은 아니다. 트위터는 오히려 현실에서 이룰 수 없는 것들을 향한 어떤 열망을 표현하는 것에 가깝다.

거울은 우리를 비추는 것이라기보다, 우리를 바라보는 시선을 드러낸다. 따라서 거울을 보면서 옷매무시를 다듬거나 화장을 고치는 것은 '나 자신의 욕망'을 위해서 그렇게 한다기보다, 나를 바라보아줄 '다른 이의 욕망'을 위해 그렇게 하는 것이다. 트위터도 거울의 원리를 가감 없이 따른다. 다시 한 번 되물어보자. 우리는 트위터에 왜 자신의 이야기들을 올리는가? 사연의 주인공이 되고 싶기 때문이다. 이 사연이야말로 사적인 서사이고, 서사의 주인공으로 자신을 위치시키는 한에서 우리는 사회에서 몫을 부여받는다. 트위터에 구현되어 있는 140자 평등주의는 누구나 자신의 이야기를 할 수 있다는 근대적 '자기'의 개념과 밀접하게 연관되어 있는 셈이다.

2장

소셜 미디어의
겉과 속

── 박권일

"트위터가 세상을 바꾼다!" 이런 말이 별 저항감 없이 받아들여지던 목가적인 시절이 있었다. 불과 몇 개월 전만 해도 그랬다. 소위 '트위터의 빅 마우스'들은 과장된 수사를 남발하며 이 경이로운 매체를 찬미했다. 물론 그 속을 들여다보면 기껏해야 자신들이 가진 알량한 권력의 과시였다. 하지만 거의 모든 매체가 유명인이 SNS에 남긴 말을 그대로 받아다 기사화하는 관행을 반복하던 터라 아예 무시하기도 어려웠다. 기자들 사이에서 '트위터 마와리(트위터를 돈다는 의미로 사쓰마와리, 즉 사회부 기자가 경찰서를 돌며 사건 취재를 하는 관행에 빗댄 말)'란 말이 자조적으로 오르내렸다. 대체 트위터가 뭐기에 저렇게까지 하는 거야, 라며 그간 관심 없던 이들까지 하나둘 트위터와 페이스북의 세계로 발을 들여놓았다.

'트위터 버블' 현상은 2011년 서울 시장 보궐선거를 전후해서 정점을 찍은 것 같다. 당시 진보·개혁 진영 후보인 박원순 시장이 탄생한 배경에 트위터 등 SNS의 역할이 컸다는 분석이 빠지지 않고 등장했다. 그러다 2012년 4·11 총선 직후 그런 얘기는 쏙 들어갔다. 대신 트위터 회의론, 심지어 '무용론'이 득세했다. '트위터, 아무것도 아니었다', '빈 깡통이 요란했다', '찻잔 속의 태풍' 유의 기사들과 칼럼이 우르르 쏟아져 나왔다. 서울 시장 선거와 달리 야권이 예상 외의 참패를 당했기 때문이다.

그러나 '인터넷이 세상을 바꾼다'는 주장, 그리고 '트위터가 세상을 바꾼다'는 식의 주장은 너무 모호해서 생산적인 논의로 이어지지 못하는 경우가 많다. 대체 '세상을 바꾼다'는 게 무슨 의미이고 기준이 무엇인가? 혁명인가? 아니면 사회 개혁인가? 아니, 어쨌든 세상은 늘 바뀌고 있지 않은가? 혹시 소셜 미디어에 대한 이런 식의 접근방식 자체에 문제가 있는 건 아닐까? 구체적으로 선거와 같은 대형 정치 이벤트에서 소셜 미디어의 영향력은 얼마나, 그리고 어떻게 작용

할까? 소셜 미디어가 여론을, 전체 유권자의 여론은 아니더라도 진보·개혁 성향 유권자의 여론을 대표할 수 있는가? 이런 질문들을 소셜 미디어의 '외부 문제'라고 한다면, 소셜 미디어의 세계 속에서 벌어지는 '내부 문제'도 있다. 개인들이 소셜 미디어를 매개로 상호작용하면서 벌어지는 사회심리적 현상들 말이다. 먼저 소셜 미디어의 '속' 또는 '내면'부터 들여다보자.

히스테리아 파라노이아

소셜 미디어는 흔히들 말하는 것처럼 '현실의 축소판'인가? 그러나 이 말은 진부할뿐더러 오류에 가깝다. 차라리 소셜 미디어는 개인의 황폐한 정신 상태가 적나라하게 드러난다는 점에서 거대한 정신 병동이다. 인간 군상의 기묘한 행태가 실시간으로 '전시display'된다는 점에서 '동물원'이기도 하다.

    가장 흔히 보이는 증상은 히스테리성 인격 장애histrionic personality disorder다. 다른 말로는 흔히 '연극성 인격 장애'라고 부르기도 한다. 물론 치료를 요하는 '장애'인 경우는 실제로 드물겠지만, 오프라인과 달리 온라인에서 유사 히스테리성 인격 장애를 목격하는 경우는 셀 수조차 없을 정도로 많다. '보편 증상'이란 말을 붙이고 싶을 정도다. 알려진 주요 증상은 다음과 같다. '자신이 주목받지 못하는 상황을 불편하게 생각한다', '감정 표현이 자주 바뀌고 피상적이다', '자신을 극적인 방식으로 표현하고, 연극적인 태도를 보이며, 감정을 과장해서 표현한다', '다른 사람과의 관계를 실제보다 더 친밀한 것으로 생각한다'. 좀 더 구체적으로 행태를 묘사해보면 이렇다. '누가 봐도 허세인 게 뻔한 자기 자랑, 말하지 않아도 될 민망한 개인사를 물어보지도 않았는데 늘어놓는다', '사소한 에피소드에 지나치게 기뻐하며 축하해달라고 한다', '세상이 끝나기라도 한 것처럼 우울한 모습을 계속 어필한다'. 물론 그들의 모든 발화는 철저히 타자의 시선을 의식한 것이다. 일기장에 쓰는 것도 아니고 인터넷에 공개하는 것이니 당연하다. 그럼에도 불구하고 그들은 '손발이 오그라드는' 이야기들을 태연히 공개한다. 이것은 자기 전시 욕망desire for self display이다. 인간이면 누구나 가지고 있는 인정 욕망은 정체성 또는 내면의 가치 평가와 밀접한 연관이 있다. 반면, 자기 전시 욕망은 그야말로 자신을 보여주고 대상화시키는 것에 집중된다. 요컨대 자기 자신에 대한 일종의 물신화fetishism, 자기소외다. 이것은 타자의 시선으로 자신을 바라보는 게 아니다. 스스로 '타자의 시선이라 상상한' 어떤 시선으로 자신을 바라보는 것이다.

개인이 받는 스트레스를 고려해본다면 사실, 엄청난 비난을 당하는 것보다 조용히 잊힌 채 살아가는 게 훨씬 낫다. 그럼에도 오늘날 사람들은 그야말로 열광적으로 타인의 관심을 갈망하는 것처럼 보인다. 인터넷의 발달은 무관심을 가장 끔찍한 지옥으로 만들었다. 우스갯소리로 트위터를 '셀러브리티의 자살 도구'라 이름 붙인 적이 있다. 유명인들, 명망가들이 몰상식한 발언을 트위터에 올려 자신의 무지와 무교양을 자기 폭로하는 경우가 워낙 많아서다. 그러나 이건 셀러브리티만의 문제는 아니다. 소셜 미디어에의 지나친 몰입은 셀러브리티뿐 아니라 평범한 사람들까지 '관심병 환자'로 만들고야 만다.

소셜 미디어의 또 하나 특징은 음모론적 공간이라는 점이다. 자기 전시 욕망이 히스테리hysteria적 증상이라면 음모론은 편집증paranoia과 밀접한 관련이 있다. 편집증이란 일종의 '체계적인 망상'이다. 편집증적 주체는 희생양을 만들거나 아니면 영웅을 만들어냄으로써 늘 자신이 피해자인 망상 속에 존재하는 가해자와 구원자라는 공석을 채워 넣으려 한다. 사람들은 음모론을 통해 실체적 진실이 어딘가에 밝혀지지 않은 채 은폐되어 있고, 그 판도라의 상자가 열리지 못하도록 만드는 악의 세력이 존재한다고 상상하기를 좋아한다. 그런 판타지를 상상하지 않으면 세계의 근본적 무의미성을 견디기 어려워서일지도 모르겠다.

아무튼 소셜 미디어는 나의 판타지와 타인의 판타지 사이의 상동성을 즉각적으로 확인하기에 좋은 환경이다. 나뿐만 아니라 다른 사람들도 그렇게 생각한다는 걸 확인하면 그것이 곧 보편성의 지표가 되어버린다. 수백 번 리트윗RT되고 수백 개의 '좋아요'가 표시된 콘텐츠는 그 자체로 사회적 설득력을 지니게 된다. 물론 그것이 실제로 근거 있는 내용인지는 별개의 문제다. 많은 경우 전말이 제대로 확인되지 않거나 뒤늦게 거짓인 게 밝혀지기도 한다. 트위터를 떠들썩하게 만들었던 '채선당 임신부 폭행 사건'이 대표적 사례다. 처음 트위터를 통해 일파만파 퍼져나간 내용을 그대로 믿은 사람들이 일방적으로 채선당 식당 측을 비난했지만, 나중에 알려진 사건의 전후 사정은 임신부의 주장과 매우 달랐다. 이 사건은 곧 극우 언론이 트위터를 진보 진영의 거짓말과 흑색선전이

난무하는 공간으로 게토화시키는 전술을 구사할 때 단골로 인용하는 사례가 됐다.

한편 새누리당 비례대표 당선자 이자스민 씨 인종차별 논란의 경우처럼, 트위터의 부정적 측면을 과장해 역이용하는 사례도 있었다. 실제로 트위터에서 이자스민 씨에 대한 인종차별적 발언이 별로 없었음에도 불구하고 몇몇 언론이 제대로 확인도 하지 않은 채 마치 사실인 것처럼 보도를 했고, 이것은 새누리당 측이 진보 진영을 '역공'하는 근거가 됐다. 그러나 확인 결과 새누리당에 반대하는 사람들의 절대다수가 이자스민 씨에 대한 인종차별에 '반대'하는 발언을 트윗했다는 사실이 밝혀졌다.

자정 기능이 작동하기는 해도 정보의 유통 속도가 지나치게 빠른 소셜 미디어는 유언비어와 음모론이 퍼지기에 매우 좋은 환경인 것은 사실이다. 트위터는 텍스트를 분석할 시간 자체를 허용하지 않는 매체다. 어떤 사안에 대해서건 거의 즉각적으로 반응해야 한다. 돌아다니는 소문이 사실인지 아닌지 확인하기 이전에, 이미 판결은 내려진다. 140자라는 한계는 분석의 정당성이 아니라 수사의 적절성에 더 신경 쓰게 만든다.

트위터에 보여지는 현실, 즉 타임라인은 사실 자기 자신이 편집한 현실이다. 입맛에 맞는 사람들을 팔로우하고 그 사람들의 이야기를 들여다보는데도 사람들은 마치 그것이 세계 그 자체인 것처럼, 또는 세계의 축소판인 것처럼 착각하기 쉽다. 소셜 미디어는 세계를 좀 더 정확히 바라볼 수 있게 하는 '존재의 안경'이 되기 어렵다. 내 타임라인에 올라온 이야기들은 물론 의미 있고 소중하지만 어디까지나 그것은 '세계의 파편'일 따름이다. 이제 소셜 미디어의 내면을 한마디로 정리할 수 있게 됐다. 바로 '히스테리아 파라노이아 hysteria paranoia'다.

19대 총선과 'SNS 회의론'

진보·개혁 진영 입장에서 무상 급식 찬반 투표, 그리고 서울시장 선거는 '트위터의 힘'을 보여준 사건인 반면, 얼마 뒤 19대 총선은 '트위터의 한계'를 보여준 사건이 됐다. 사람들은 어제까지 트위터가 지배하는 시대인 것처럼 호들갑을 떨다가, 오늘부터는 트위터 따위 신경 쓸 필요 없다는 식으로 군다. 양쪽 모두에 일말의 진실이 담겨 있다. 또한 양쪽 모두 틀

리기도 했다.

4·11 총선 당시 트위터를 휩쓴 가장 큰 흐름은 투표 독려 운동이었다. 유명인들, 명망가들이 "투표 인증을 하면 맞팔(트위터에서 상호 간에 '팔로우'를 승인한 상태)을 해드리겠다"는 식으로 투표를 독려했다. 심지어 "투표율 70%를 넘으면 망사스타킹을 신고 광화문 광장을 뛰어다니겠다" 유의 '무리수'를 두기도 했다. 이런 움직임에 대해 일부 트위터러 사이에서 냉소적인 반응도 튀어나왔다. "팔로우해주는 게 무슨 큰 특혜 또는 시혜라도 되는 것처럼 군다"며 눈꼴시다는 반응도 있었고, 몇몇 진보·개혁 명망가들의 트윗 발언을 두고 "젊은 세대가 투표하면 전부 자기네 당 찍는 게 당연한 것처럼 오만하게 군다"는 '뼈 있는 비판'도 있었다. 일리 있는 비판들도 없지 않았으나 어쨌든 투표 독려 자체를 두고 비난할 여지는 별로 없었다. '더 많은 사람들의 선거 참여'가 '공공선'에 대한 일반적 상식에 부합하기 때문이다. 물론 그게 전부는 아니다. 진보·개혁 진영 입장에선 투표율이 낮아지는 게 문제지 투표율이 높아지는 걸 말릴 이유가 없다. 투표율이 일정 수준 이상 높아지면 분명 자신들이 유리하다는 걸 알고 있었기에 그들은 더욱 열심히 투표 독려에 매달렸다.

결과는 어땠을까. 익히 알다시피 19대 총선 투표율은 70%는커녕 60%에도 미치지 못했다. 이명박 대통령의 인기가 날로 떨어지는 상황에서 정권 심판론으로 압승을 예상하던 야당은 수도권을 제외하면 사실상 참패했다. 트위터 등 소셜 미디어 여론만 봐서는 야당이 결코 질 수가 없는 선거였다. SNS를 계속 부정적으로 묘사하며 흠집 내기에 열중해온 극우·보수 언론뿐 아니라 진보·개혁 진영에서도 SNS 회의론 내지 SNS 부정론이 확산됐다.

한국은 OECD 국가 중 유독 투표율이 낮은 나라다. 특히 바로 이전 총선인 2008년 18대 총선 투표율은 46.1%로 역대 최저 투표율을 기록했다. 극우·보수 진영의 국회 의석 숫자가 진보·개혁 진영 의석의 2배에 이르렀다. 투표율이 낮을수록 우파에 유리하다는 속설 또는 정설이 여지없이 증명된 선거가 18대 총선이었다. 그런 18대 총선에 비한다면 54.3%의 19대 총선 투표율은 확실히 높아진 수치이긴 하다. 소셜 미디어 전문가로 알려진 서울대 사회학과 장덕진 교수도 같은 맥락의 주장을 하고 있다.

투표율 54.3%는 결코 낮지 않다. SNS를 매개로 한 이른바 '소셜 선거'가 본격적으로 나타나기 시작한 것은 2010년 6·2 지방선거부터다. 1987년 체제의 등장 이후 한국의 투표율은 지속적이고 가속적으로 낮아져왔고, 총선의 경우 2008년 46.1%로 바닥을 찍었다. 그러던 것이 소셜 선거의 등장 이후 다시 높아지기 시작했고, 하락 추세를 25년 만에 뒤집었다는 것 자체로도 의미가 있다. 더구나 이런 추세는 6·2 지방선거, 4·27 재보선, 10·26 재보선에 이어 이번 총선까지 일관되게 유지되고 있다. 54.3%도 지난 총선에 비해 한꺼번에 8.2%나 상승한 것이다. …… 증거는 또 있다. 언론 보도에 따르면 수도권 20대의 투표율은 무려 64%였다고 한다. 트위터 이용자의 절반 이상이 수도권에 살고, 평균 연령은 27.9세이다. 과연 이 둘 사이에 아무 관계가 없을까?*

하지만 장덕진은 투표율 문제에 대해 나름대로 합리적인 의견을 내놓는 데 그치지 않고, 선거 이후 소셜 미디어에 가해지는 여러 비판들을 반박하는 과정에서 다소 무리한 결

---

* 장덕진, 「SNS는 유유상종? 주관적인 침소봉대」, 프레시안 창비주간논평 2012. 4. 25.

론으로 치닫는다. 예를 들어 다음과 같은 주장이 그것이다.

> 셋째로, 오프라인 영향력 한계론이다. 트위터 이용자가 많은 지역에서는 영향력이 있었지만 그렇지 않은 지역에서는 영향력이 없었다는 해석이다. 그렇다면 4·27 재보선 때 강원도에서 최문순 지사가 25%의 사전 지지율 열세를 뒤집고 당선된 것은 어떻게 설명할 것인가?*

트위터 이용자가 적은 지역에서 트위터의 역할에 한계가 있다는 주장에 대해 장덕진이 반례로 내세운 게 4·27 재보선 당시 강원도 지사 선거에 출마한 최문순의 사례인데, 이건 더욱 이상하다. 확실히 최문순 후보는 한나라당 엄기영 후보에게 밀려 선거 초반 열세였다. 막판에 전세를 역전, 강원도 지사로 당선된 것도 사실이다. 그런데 이 사실이 트위터의 오프라인 한계론에 대한 적절한 반박이 되는 걸까?

그것이 반박 내지 반증이 되려면 최문순의 막판 역전승에 트위터가 결정적인(최소한 '중요한') 역할을 했다는 증거

---

*   장덕진, 같은 글.

가 제시되어야 한다. 물론 해당 글에서 그런 근거는 제시되지 않았다. '압도적 열세였던 최문순이 당선된 이유라곤 트위터 밖에 없지 않은가'라는 식으로, 암묵적으로 당연시되고 있을 뿐이다. 납득하기 어려운 주장이다. 많은 전문가들과 선거 관계자들이 초반 열세였던 최문순이 역전할 수 있었던 주요 계기로 꼽은 것은 선거 후반 터진 엄기영 캠프의 대형 악재인 '강릉 불법 콜센터' 사건이었다. 낙마한 이광재 전 지사에 동정적인 지역 여론이 작용했다고 말하기도 한다. 물론 트위터에서 엄기영보다 최문순의 인기가 압도적으로 높긴 했다. 하지만 트위터 여론이 지역 유권자의 여론과 직결된다는 근거가 있지 않은 이상, 트위터에서의 인기가 최문순 역전승의 결정적 원인 내지 배경이라 결론 내릴 수는 없는 것이다.

글래드웰 – 셔키 논쟁

장덕진은 SNS 회의론자들의 논리 중 "트위터 이용자들의 '선별적 자기 강화' 경향이 강하다"는 주장, 소셜 미디어의 영향력이 특정 지역에 국한된다는 주장 역시 부정하고 있다. '선별적 자기 강화'라는 것은 쉽게 말해 소셜 미디어라는 공간이

다양한 의견을 가진 사람들이 치열한 토론을 거쳐 건강한 공론을 형성하는 장이 아니라 끼리끼리 모여 한쪽으로 치우친 주장을 더욱 극단화시키고 있다는 뜻이다.

참고로 이는 사회심리학에서 오랫동안 연구된 주제인 집단 극화 현상group polarization, 그리고 미디어 이론에서 널리 알려진 반향 효과echo chamber effect와도 맥이 통한다. 집단 극화 현상은 사람들이 혼자 있을 때보다 집단일 때 더욱 극단적인 의견으로 치우치게 되는 심리적 경향성을 말한다. 반향 효과는 인터넷 등으로 인해 정보가 지나치게 범람하면서 익명의 타자들과의 의사소통에 부담을 느낀 개인이 자신과 의견이 비슷한 소집단 등으로 스스로를 가두고 이런 좁은 세계에서 이미 알고 있는 지식이나 이념만 교환하고 공감하게 되는 현상을 가리킨다.

> 둘째로, 트위터 이용자들의 '선별적 자기 강화' 주장이다. 트위터에서 비슷한 사람들끼리 서로 팔로우follow(어떤 사용자의 글을 구독하기)하고 비슷한 정보만 주고받다 보니 보고 싶은 것만 보고 믿고 싶은 것만 믿어서 큰 그림을 놓쳤다는 주장이다. 여기에는 소위 '막말 파문'의

당사자였던 김용민 씨와 그가 출연하는 팟캐스트 〈나는 꼼수다〉의 사례가 증거처럼 붙어 다닌다. 이것은 미디어로서의 트위터를 전혀 이해하지 못한 주장이다. 우선 트위터에서 비슷한 성향 팔로우는 시간이 갈수록 약해지고 있어서 최근에는 60%를 조금 넘는 수준이다. 성향이 같거나 혹은 다르거나로 구분할 때 무작위로 팔로우해도 50%는 같은 성향이 된다는 것을 감안하면 이것은 '유유상종'이라고 보기 어렵다.*

장덕진은 트위터를 '유유상종'이라 보기 어렵다고 말하지만, 소셜 미디어의 선별적 자기 강화 내지 집단 극화 현상은 한국의 사례만으로 일도양단할 수 있을 정도로 단순한 문제는 아니다. 여전히 반례가 많은 사안이고 논란도 분분하다. 어떤 방식으로 조사하느냐에 따라 다른 결과가 나올 가능성도 다분하다. 장덕진은 다른 성향을 팔로우하기보다 비슷한 성향을 팔로우하는 경향이 그리 심각하지 않다고 주장하지만 어쨌든 비슷한 성향을 팔로우하는 경우가 60%가 넘는다

---

*   장덕진, 같은 글.

면 그의 주장만을 근거로 삼더라도 확실히 편향bias이 존재한다고 해석할 수도 있는 것이다.

특히 눈여겨볼 부분은 인터넷의 지배적인 서비스들이 점점 개인화personalization하고 있다는 점이다. 『필터 버블』의 저자 엘리 프레이저는 페이스북이 사용자의 사용 성향을 분석하고 필터링해서 특정 성향의 사람과 교류가 적을 경우 실제로 교류하는 비슷한 성향의 사람들의 소식만 전해주게 된다고 말한다. 결국 그 유저는 점점 더 자신과 다른 성향의 사람들의 소식을 접하기 어려워지게 된다. 또한 프레이저는 같은 단어로 구글 검색을 하더라도 검색자에 따라서 어떤 사람에게는 『뉴욕 타임스』의 기사가, 다른 사람에게는 폭스 뉴스의 기사가 먼저 보이는 식으로 다른 검색 결과가 나타난다고 주장한다. 물론 프레이저의 주장에 대해 집단 극화로 보기에는 근거가 박약하다는 반박도 많다. 분명한 점은, 소셜 미디어가 '비슷한 성향의 사람들끼리만 소통하게 만드는 폐쇄적인 매체'라고 낙인찍기도 어렵지만, 반대로 '소셜 미디어는 결코 유유상종의 매체가 아니다'라고 단정할 수 없다는 것이다. 공정하게 말한다면, 소셜 미디어의 선별적 자기 강화, 또는 집단 극화 현상에 대해 신뢰할 만한 데이터를 가지고 포괄

적이고 명쾌한 결론을 내리기엔 아직 좀 이르다고 해야 할 것이다.

소셜 미디어의 파급력 내지 사회적 영향에 관해서는 세계적으로 논란이 분분하다. 소셜 미디어 전도사로 유명한 클레이 셔키 뉴욕대 교수와 『뉴요커』의 말콤 글래드웰 편집장이 2010년부터 2011년에 걸쳐 여러 지면에서 벌인 논쟁이 대표적이다. 최초의 발단은 글래드웰이 2010년 10월에 『뉴요커』에 쓴 글, 「조그만 변화: 혁명은 왜 트윗되지 않는가Small change: Why the revolution will not be tweeted?」였다. 사실 논쟁은 글래드웰과 셔키 사이에서만 벌어진 게 아니라 제이넵 터프키 등의 사회학자도 참여해 좀 더 이론적으로 풍성한 논의를 끌어내기도 했지만, 아무래도 대중에게 가장 잘 알려진 건 저널쪽에서의 활동이 부각된 셔키와 글래드웰의 논쟁이었다.

글래드웰은 이 글에서 '강한 결속strong-tie'과 '약한 결속weak-tie'이라는 개념을 적극적으로 차용해 소셜 미디어가 소소한 사회적 변화를 일으킬 수 있을지 몰라도 중대한 사회 변화를 일으키는 데 역부족이라고 주장한다. 분실한 휴대전화를 찾아주고 '맛집'을 알려주는 데에는 약하게 결속된 인적 네트워크만으로도 충분하지만, 돈과 시간과 때로는 목숨까지 걸어야 하는 중대한 사안(이를테면 '혁명')을 조직적으로 끌어나가기 위해서는 '강한 인적 결속'이 필요하다는 것이다. 트위터와 페이스북이 없어도, 행동하는 시민들의 용감한 실천만 있으면 혁명은 성공한다. 그의 글은 냉소적인 구호로 끝이 난다. "네트워크로 연결된 약한 결속의 세계는 월스트리트 사람들이 10대 소녀에게 휴대전화를 찾아주는 데엔 좋은 도구다. 혁명 만세!"

아랍의 시민혁명과 월스트리트 점령 운동에서 소셜 미디어의 역할이 지대했다고 평해온 클레이 셔키는, 글래드웰의 주장 중 일부를 수긍하지만 그가 소셜 미디어의 속성 중 매우 중요한 부분들을 간과하고 있다고 지적한다. 즉, 소셜 미디어가 분명 '약한 결속'들이 모여 있는 상태라는 점에서 글래드웰이 옳지만, '약한 결속'이 '강한 결속'으로 변모하거나 그것을 지지할 수도 있다는 사실을 간과했다는 것이다. 요컨대 '약한 결속'과 '강한 결속'이 상호 배척하거나 모순된 개념이 아닌데 마치 그런 것처럼 이야기하고 있다는 점에서 글래드웰이 틀렸다는 것.

글래드웰과 셔키의 논쟁이 시사하는 바는 무척 풍부하지만, 핵심은 이것이다. '트위터가 세상을 바꾼다'는 식의 열광이나 '트위터가 세상을 바꾸지 못한다'는 냉소 모두 소모적이고 비효율적인 문제 제기 방식이라는 것이다. 월스트리트 점령 시위대나 이집트의 시위대가 트위터를 활용해 소통하고 전 세계에 자신들의 상황을 전파하는 행위는 그 자체로 세계 자본주의를 끝장내거나 이집트 민주화를 완성시키지 못했지만, 그런 행위가 존재하지 않았을 때에 비해 세계는 확실히 '더 연결되었다'. 그 연결이 보다 직접적인 투쟁의 계기가 될 수도 있고, 그저 해프닝으로 마무리될 수도 있다. 어쨌든 딱 그 가능성만큼 세상은 변화한 것이다.

소셜 미디어, 표준 시민의 놀이 공간이자 투쟁 수단

소셜 미디어 이용자의 평균적 모습을 그려본다면 어떤 사람일까? 여러 조사들이 공통적으로 보여주는 모습을 종합하면 대강의 모습을 짐작할 수 있다. '수도권에 거주하는 2040세대'이다. 그들의 이념을 조사해본다면 아마도 사회 평균보다는 왼쪽이 될 것이다. 어쨌든 세대가 젊을수록 이념 좌표는 나이든 세대보다 왼쪽으로 치우치기 때문이다. 다만 이 '젊은 세대의 진보적 이념 성향'을 절대화시키는 건 위험하다. 한국 사회에서 세대의 이념 성향은 선거 때마다, 특정 계기마다 큰 진폭을 갖고 좌우로 출렁여왔기 때문에, 이념 성향의 일관성 내지 개연성 있는 변화 추이 등을 세대로부터 추출해내는 작업은 실패하기 쉽다. 단지 나이든 세대보다 상대적으로 진보적이라는 것 정도만 유의미한 사실로 받아들이면 된다.

이념 성향보다 중요한 부분은 미디어 리터러시media literacy다. 여기엔 소셜 미디어와 같은 뉴 미디어에 대한 리터러시도 포함된다. 리터러시는 문해력文解力, 즉 '문자를 읽고 이해하는 능력'을 가리킨다. 미디어 리터러시는 '매체를 이해할 뿐만 아니라 매체를 통해 자신을 표현할 수 있는 능력'이다. 단순한 '기술skill'만을 뜻하는 것은 아니다. 이것은 한마디로 '매체 활용 능력이면서 동시에 매체에 대한 감수성'이다.

사상 처음으로 수십만의 시민이 광장에서 두 소녀를 추모하기 위해 촛불을 든 2002년, 당시 거리로 뛰쳐나온 10대, 20대, 30대들이 인터넷 시대의 주역이자 이른바 노풍, '노무현 신드롬'의 중심에 선 세대였다. 그들이 지금의 2040 세대가 됐다. 이들 세대에 공통적인 이념적 기반 같은 건 거의 없다고 해도 과언이 아니다. 더구나 이들 세대 사이에 존재하는 문화적 이질감은 엄청나다. 이들의 거의 유일한 공통 기반이 있다. 바로 미디어 리터러시다. 2002년의 촛불, 2004년의 촛불, 2008년의 촛불에서 공히 드러난 특징이다. 트위터와 같은 소셜 미디어는 최근 들어서야 유행하게 된 매체이지만, 소셜 미디어가 등장하기 이전부터도 그들은 당시 가장 첨단에 있는 미디어를 활용해 사회적 변화를 주도했다. 개별적으로 존재하지만 네트워크로 연결된 그들은 능수능란하게 미디어를 활용하는 차원을 넘어 스스로 미디어가 되었다. 실은 그것이야말로 '집단 지성'이란 모호한 찬사로 은폐된 '히드라'의 정체다. 그 히드라는 무한하게 돋아나는 머리들을 가졌다는 점에서 전율스러운 존재이지만, 그 무엇도 진짜 머리가 아니라는 점에서 또한 순식간에 혼돈에 빠지고 갈기갈기 찢어져 버릴 수도 있는 나약한 존재다.

'미디어 리터러시 있는 수도권의 2040세대'는 오늘날 소셜 미디어의 주인공들이다. 이들이 트위터와 페이스북 등의 여론을 주도하는 사람들이다. 또한 그들이 바로 '표준 시민 the standard citizen'*의 중핵을 이루는 집단이기도 하다. 표준 시민은 촛불시위를 주도한 수도권 교양 시민 Bildungsbürgertum 계

---

*   박권일, 「강남좌파가 아니라 표준 시민이다」, 『시사IN』 207호, 2011. 9. 8.

급이다(반드시 수도권에 거주해야 표준 시민이라는 것은 아니다. 주된 거주 지역이 수도권이라는 의미이다). 그들은 계급적으로는 전통적 의미의 노동계급보다는 중간계급에 훨씬 가까운 집단에 속한다. 몰락한 중산층이거나 실제로 소득이 중산층에 못 미치더라도 '마음만은 중산층'인 사람들, 다시 말해 중간계급 의식을 가진 이들도 다수 포함된다. 이들의 의제는 그래서 좌파적이라기보다는 자유주의적이다. 때로 계급적 이슈에 민감하게 반응하지만 결정적 국면에서 냉담한 모습을 보이며 대오를 이탈하기도 한다. 지난 10년의 큰 싸움은 대개 좌우파 이념이 아니라 상식 대 몰상식의 구도에 근거한 적대였다. 표준 시민은 그런 싸움에서 조직되지 않은 조직, 일종의 우발적 전위 집단contingent avant-garde group으로 출현했다. 자본과의 전면적 투쟁, 진보 정당에 대한 직접적인 지지보다는 한나라당은 안 된다는 소위 '비판적 지지'의 형태, 진보에 대한 최소주의적 관점이 특징이다. 착취자이면서 동시에 착취당하는 자인, 중간계급 특유의 '모순적 위치'*가 이들의 의제 형성과 투쟁 방식에 영향을 끼쳤으리라 짐작할 수

---

*   에릭 올린 라이트, 『계급론』, 이한 옮김, 한울, 2005, p. 132.

있다.

    트위터 등 소셜 미디어는 기존의 제도 언론이나 포털 사이트 등에서 얻기 힘든 정보를 엄청나게 **빠른** 속도로 유통시키고 확대 재생산할 수 있는 도구였기 때문에 사회참여 성향이 강한 표준 시민들에게는 최적의 무기, 투쟁 수단이라고 할 수 있었다. 그러나 소셜 미디어가 강력한 무기가 될 수 있는 이유는 그것이 단지 사회참여의 수단이 아니라 일종의 놀이 공간이자 장난감이기 때문이다. 사람들은 느슨한 사회적 관계망 속에서 노니는 방법을 차츰 터득해갔다. 그것은 기존의 오프라인 인맥이나, 온라인 동호회 등의 소셜 네트워크와는 또 다른 즐거움을 준다. 이런 특징들은 점점 사회적 투쟁이나 시위가 엔터테인먼트화하는 경향과 무관하지 않을 것이다.

    2010년 지방선거 무렵부터 소셜 미디어는 한국의 현실 정치에 무시할 수 없는 영향력을 발휘하기 시작했는데, 선거 결과에 따라 '소셜 미디어가 세상을 바꾼다'거나 '소셜 미디어는 세상을 바꾸지 못한다'는 식의 이분법으로 흘러가기 일쑤였다. 소셜 미디어를 주도하는 주체들의 지역적·세대적 편향을 고려하지 않고 뭉뚱그려 소셜 미디어를 일방적으로 평가절하하거나 무작정 찬양하는 식의 접근은, 속은 시원

할지 모르겠지만 별로 생산적으로 보이지 않는다. 세상 대부분의 일이 흑백논리로 보기 어려운 측면이 있고, 그것은 소셜 미디어라는 이슈에서도 마찬가지다.

예를 들어 2011년 19대 총선이 야권의 '사실상 패배'로 끝난 일은 양가적 의미를 가지는 사건이다. 소셜 미디어의 여론만 본다면 새누리당의 참패여야 마땅했지만, 그런 일은 벌어지지 않았다. 수도권과 전라도에서 야권의 압승, 나머지 지역에서의 참패라는 성적표는 결국 소셜 미디어라는 무기가 '국지적'으로 힘을 발휘한다는 걸 시사한다. 그러나 또 한편으로 제한적으로 발휘된 그 힘이 무시할 수 없는 것이라는 점도 동시에 지적되어야 한다. 그 수도권의 선전조차 없었다면 야권은 아예 소멸에 가까운 타격을 입었을 게 분명하기 때문이다.

정치적 주체라는 프리즘을 가져온다면, 사실 이 결과는 소셜 미디어의 한계(혹은 영향력)라기보다는 표준 시민의 한계(혹은 영향력)라는 해석도 가능하다. 소셜 미디어는 불과 2~3년 전 대중화되기 시작한 매체이지만, 표준 시민이라는 정치적 주체는 하루아침에 나타난 게 아니라 사회적 배경을 가지고 비교적 오랜 시간을 거쳐 가시화한 사회현상이다. 소셜 미디어의 등장 이전에도 표준 시민들은 그 당시의 미디어를 활용해 일종의 '소셜 네트워크'를 형성했고 적극적이고 열정적으로 사회참여를 실천해왔다. 한국 사회에서 소셜 미디어는 결국 표준 시민이란 정치적 주체의 놀이 공간-투쟁 수단으로서 당대적 의미를 획득하게 되었던 셈이다. 소셜 미디어는 사회 변화의 '원인'이 아니라 '자원'이다. 이 점을 명확히 이해하는 게 중요하다. 그것이 어떻게 사회 변화를 이끌어낼지는 순전히 그 자원을 주도적으로 점유한 주체의 역량과 결집의 정치적 계기에 달려 있다.

3장

PC통신부터 SNS까지

—— 김민하

사람들이 어떤 현상에 대한 분석을 할 때는 여러 가지 방법을 이용하는데, 그중 분석 대상에 대한 역사적 연원을 살펴보는 작업을 진행하는 것은 가장 일반적인 방법 중 하나라고 말할 수 있을 것 같다. 어떤 현상이 무엇 때문에 시작됐고, 시간을 거쳐 어떻게 변화해왔는지를 그저 조망해보는 것만으로도 대상의 본질에 대해 처음에 생각했던 것보다 많은 것을 알게 되는 경우가 많다.

SNS의 유행에 대해서도 비슷한 접근이 가능할 것 같다. 비록 SNS가 외국에서 우리에게 전해진 것이기는 하지만, 일찍부터 온라인을 이용한 사람들 간의 소통에 익숙했던 우리

입장에서는 SNS를 받아들이는 특정한 경험적 맥락이 있었을 것이기 때문이다. 따라서 한국 온라인 소통 도구 유행의 변천사를 돌아보는 것은 그 자체로 재미있는 일이면서 동시에 생산적인 작업인 셈이다. 지금부터 이런 심오한 작업을 가볍게 함께해보는 시간을 가져보자.

PC통신의 시대

1990년대 중반에 우리가 사용했던 온라인 소통 도구는 PC통신이라고 불렸던 것이다. 이것은 1970년대부터 시작된 미국, 일본 등의 퍼스널 컴퓨터를 이용한 상업 온라인 서비스를 모방한 것으로, 컴퓨터에 모뎀modem을 장착하고 전화선을 통해 PC통신망에 접속하는 것이 일반적인 이용 형태였다. 당시에는 하이텔, 천리안, 나우누리, 유니텔 등의 서비스가 크게 유행했으며 이를 통해 사람들은 정치적인 의견을 나누거나, 동호회 활동을 하거나, 채팅을 통해 인간관계의 확대를 도모하기도 했던 것이다.

    PC통신을 이용하기 위해서는 일정액의 PC통신망 이용료를 납부하고 주민등록번호 등을 제공하여 반드시 자신의 실명이 등록된 해당 통신망의 ID를 발급받은 후 계정에 접속하기 위한 로그인 절차를 거쳐야 했다. 이것은 오늘날 대부분의 온라인 서비스를 이용할 때 ID와 패스워드가 필요한 것과 정확히 똑같은 것이다. 오늘날의 온라인 서비스 이용 형태와 차이가 있다면, 오늘날에는 전자우편은 구글을 통해 확인하고, 동호회 활동은 다음 카페 등을 활용하며, 정치적 주제에 대한 토론 등은 블로그를 활용하고, 개인적인 친교는 SNS를 활용하는 세태가 두드러지게 나타나지만, PC통신의 시대에는 이렇게 발급받은 계정을 통해 오늘날 하고 있는 온라인 활동의 거의 전부를 해야 했다는 점을 들 수 있을 것 같다.

당시의 이용 행태를 묘사해보자면 이렇게 스토리를 꾸며볼 수 있을 것 같다. 원활한 이해를 위해 잠시 '철수'라는 1990년대 후반의 PC통신 이용자를 등장시켜보자.

휴일을 심심하게 보내고 있던 철수, PC통신에 접속하기로 마음을 먹는다. 먼저 '이야기', '새롬데이터맨' 등의 모뎀을 제어하는 프로그램에서 'atdt 01410' 등의 명령어를 입력하니, 경쾌한 접속 음과 함께 한국통신에서 제공하는 공용망에 접속된다. 철수는 '나우누리'의 이용자이므로 공용 망에서 나우누리 접속을 선택하여 나우누리 서비스의 로그인 화면으로 이동, 자신의 아이디인 'ahnlabceo'를 입력하고 비밀번호 'mythought'를 입력한다. 곧 나우누리 전체 공지 사항이 주르륵 지나가고 읽지 않은 편지가 13통이나 있음을 확인하게 된다.

    무슨 편지일까? 확인해볼 필요가 있어 'go mail'이라는 명령어를 통해 전자우편함에 접속한다. 5통은 각종 동호회에서 보낸 공지 사항을 담은 전체 편지(이때는 '동보 메일'이라고 했다)고, 5통은 누가 시키지도 않았는데 자신의 시간과 정력을 투자해 상용 게임을 분할 압축해 여러 사람에게 무료로 뿌리는 '대인배'의 메일이다. 3통은 PC통신 친구들이 보낸 메일인데 운찬이, 인제, 재인이가 안부를 묻는 편지를 보낸 것 같다. 철수는 친구들이 혹시 지금 PC통신에 접속 중인지 확인하기 위해 각각의 프로필을 확인해본다. 'pf dongban', 운찬이는 접속 중이 아니다. 한참 공부하고 있는가 보다. 'pf rambo', 재인이는 접속 중이다. 쪽지를 보내봤다. "to rambo 재인 님 하이루! 메일은 나중에 확인해볼게요!" PC통신에서는 남을 부를 때 이름 뒤에 '님' 자를 붙이고 존대말을 사용하는 것이 기본 매너이다. 조금 기다려봤지만 재인이는 답이 없다. PC통신에 접속해놓고 벽돌 격파 연습을 하는 중인가 보다. 인제는 접속 중인가? 확인해본다. 'pf phoenix', 인제는 접속 중이다. 별로 말을 걸고 싶지는 않다. 하지만 인제 쪽에서 쪽지를 보내온다. "phoenix(이인제) => 철수 님, 제 메일은 잘 읽었나요? ^^" 대답하고 싶지 않아서 메시지 수신거부를 하기로 한다. 'msg off.'

모처럼 PC통신에 접속한 김에 세상 돌아가는 얘기를 잠시 볼까 해서 정치적인 주제를 주로 다루는 게시판을 살펴보기로 한다. 철수는 'go plaza' 명령을 입력해 '열린광장'에 접속, 게시물 목록을 주르륵 읽는다. 한 게시물의 제목이 눈에 띈다. "쫄지 마! 졸라!" 아직 일반적으로 사용되지는 않았던 인터넷 기반의 정치 풍자 사이트 딴지일보의 기사를 옮겨온 글인 것 같다. 다른 게시물을 살펴본다. '사형제에 반대합니다!'라는 게시물이 눈에 띄는데 잘 보니 '엮인 글'이 있다. 일단 게시물 내용을 확인하고 'tl' 명령을 사용해 이 게시물이 어떤 글과 엮여 있는지를 확인한다. 이럴 수가! 며칠 전 철수가 쓴 글이 나온다. '그런 사람 왜 사형 못 시킵니까?', 금융 사기범에 대해 철수가 쓴 글이다. 자신의 글이 논란거리가 되고 있었던 것이다.

왠지 더 보고 싶지 않아 친목 모임에 접속해보기로 한다. 'go vsociety' 명령어를 입력해 친목 모임에 접속한다. 운영자(그때는 '시삽'이라고 했다)가 사기를 치다가 검찰에 불려갔다는 소식이다. 그러고 보니 아까 확인했던 동호회 단체 메일 중 이런 얘기가 있었던 것 같기도 하다. 철수는 한숨을 내쉬고 메일 함에 가서 게임을 다운로드 걸어놓고 잠시 머리를 식히기 위해 세수를 하러 간다. 게임을 다운로드하는 중에는 다른 서비스를 이용할 수 없기 때문이다. 지난달에는 게임 다운로드를 너무 많이 해서 전화비가 많이 나왔지만, 이번 달부터는 한국통신이 제공하는 PC통신 이용 요금 정액제에 가입했기 때문에 부담이 없다. 세수를 하면서 철수는 게임 다운로드가 끝나면 300명의 멘토들과 채팅이나 좀 하다가 잠을 자야겠다는 생각을 한다.

위의 스토리를 통해 우리는 오늘날 사람들이 인터넷을 통해 하고 있는 활동의 원형들을 찾아볼 수 있다. 불특정 다수와 의견을 나누고 싶을 때는 게시판을 이용하고, 취미를 공유하고 싶을 때에는 동호회를 이용하며, 개인끼리 사적인 대화를 하고 싶을 때에는 쪽지 기능을 이용하거나 채팅방을 통해 대화를 나누는 것이다. 게시판에 들어볼 만한 의견을 많이 게시하거나 동호회에서 열정적으로 활동하면 나름 유명인이 되기도 한다. 오늘날 파워 블로거나 파워 트위터리안이라고 불리는 존재들의 원형이다. 실제로 오늘날 유명세를 떨치는 소위 파워 블로거 중에는 PC통신 시절부터 유명인으로 활동했던 사람들이 적지 않다. PC통신의 시대는 그야말로 한국 인터넷 문화의 원형을 간직한 시대였던 셈이다.

제로보드 · 포털 사이트 · 미니홈피의 시대

1990년대 말부터 인터넷의 시대가 열리면서 PC통신 자체를 인터넷에서 구현한 것과 같은 서비스의 수요가 늘어나게 됐고, 이는 다음daum이나 프리챌freechal 같은 포털 사이트와 디씨인사이드dcinside와 같은 커뮤니티 사이트의 유행으로 이어졌다.

  PC통신 서비스를 흉내 낸 포털 사이트들은 기본적으로 전자메일 계정을 제공했다. 또, PC통신 시절의 '동호회' 기능을 그대로 옮겨 온 듯한 다음의 '카페', 프리챌의 '커뮤니티', 싸이월드의 '클럽' 등이 생겨났다. 이는 특정한 취향을 공유하는 사람들이 같은 주제로 이야기할 수 있도록 커뮤니티별로 분리된 게시판, 자료실 등을 제공한다는 점에서 과거 PC통신의 동호회 기능과 동일한 것이었다.

디씨인사이드와 같이 아예 커뮤니티 그 자체의 기능에 특화된 사이트도 있었다. 디씨인사이드는 '사진'이라는 주제에 대해 의견을 나누기 위해 만들어진 사이트였지만, '엽기갤러리'라는 게시판의 존재 때문에 당시 인터넷 하위문화의 총본산과 같은 역할을 하게 됐다.

디씨인사이드는 '제로보드'라는 새로운 게시판 솔루션을 통해 만들어진 사이트였는데, 제로보드는 이후 생겨난 인터넷 게시판 형태의 표준형을 확립했다는 점에서 역사적 평가를 받을 자격이 있다. 제로보드가 가져온 가장 혁신적인 변화는 '덧글', '댓글', '쪽글' 등으로 불리는 형식을 만들어냈다는 것이었다. 이러한 변화는 사진 등의 파일을 첨부하거나 길이가 긴 글을 쓸 때는 본 게시물을 작성하고, 여기에 대한 간단한 의견을 덧붙일 때는 게시물 아래 짧은 덧글을 붙이는 문화를 자연스럽게 정착시켰다. 논란의 대상이 될 만한 주제의 게시물이 올라올 경우 덧글을 통해 실시간으로 논쟁이 벌어지기도 했는데, 경우에 따라서는 한 게시물에 몇백 개의 덧글이 달리는 경우도 있었다.

제로보드의 이러한 특성은 논쟁을 가장 격렬하게 해야 하는 정치 분야에도 큰 영향을 끼쳤다. 2002년 민주노동당 서울시장 후보로 출마했던 이문옥 씨의 팬클럽이었던 '깨끗한 손' 역시 제로보드를 기반으로 만들어진 커뮤니티였는데, 이 커뮤니티는 순식간에 한국 진보세력의 인터넷 진지로서의 역할을 수행하게 됐다. 여기서 오늘날의 파워 블로거, 파워 트위터리안과 마찬가지의 지위와 역할을 갖고 있었던 진중권이 '깨끗한 손' 참여자들의 일부가 나와 만든 본격 인터넷 토론 사이트인 '진보누리'로 이동하자, '안티조선 우리모두', '깨끗한 손' 등의 게시판을 이용하던 사람들은 정치적 지향에 따라 각기 나뉘어 이런저런 정치 토론 사이트를 만들기 시작했다.

이들은 사이트 내부에서 논쟁을 하기도 했지만, 정치적 지향이 다른 사이트에 가서 공세적인 논쟁을 유도하기도 하여 사이트 대 사이트의 항쟁을 연출하기도 했고, 이 과정에서 각각의 진영을 대표하는 대표적인 스타 논객들이 탄생하여 영웅화되기도 했다.

한편, 포털 사이트 중 상대적으로 후발주자였던 싸이월드는 오늘날의 페이스북과 비슷한 형태인 '미니홈피'라는 서비스를 개시해 경쟁력을 확보하려고 했다. 포털 이용자 모두에게 개인 페이지를 제공하고 다른 이용자와 친분을 맺을 수 있는 도구를 제공한 것인데, 이는 페이스북보다도 먼저 대중화됐다.

싸이월드 미니홈피는 당시 유행했던 어떤 서비스보다 이용자들 간의 '관계'에 집중하도록 설계된 도구였는데, '일촌 맺기'라는 활동을 통해 다른 사람들과 구분되는 특별한 관계를 형성하고 정보를 선별해서 공개할 수 있도록 한 것 등이 이러한 특성의 대표적인 예라고 할 수 있다. 따라서 가명 위주로 운영되던 다른 인터넷 서비스보다 실명 위주의 이용 문화가 도드라졌는데, 이 역시 오늘날 페이스북이 갖는 특성과 동일하다고 말할 수 있을 것 같다. 어떤 측면에서 보면 SNS의 활용이라는 측면에서 한국 사람들은 다른 어떤 나라 사람들보다도 빨리 적응할 수 있었던 셈이다.

블로그의 시대

블로그라고 하면 우리는 온라인 서비스의 어떤 특정한 형태를 떠올린다. 그것은 개인이 혼자 운영하는 웹페이지의 일종이며, 여기에 접속하자마자 가장 최근에 게시한 게시물이 전면에 노출되고, 나머지 게시물들은 게시한 시간에 따라 내림차순으로 정렬된다. 따라서 블로그에 접속한 사람은 화면의 스크롤을 내리는 것만으로 과거에 작성된 글들을 훑어볼 수 있다.

처음 국내에 블로그가 소개되었을 때 이러한 형태의 특성 때문에 혼란이 있었다. 블로그가 뭔가 새로운 인터넷의 유행인 것처럼 소개되고 있기는 했으나, 이미 인터넷 게시판과 싸이월드 미니홈피가 인터넷 문화를 선도하고 있는데 블로그라는 새로운 형태가 왜 갑자기 유행하게 되었는지, 이것을 대체 어디에 쓰는 것이 좋을지를 잘 알 수 없는 상황이 계속됐다.

이러한 혼란의 원인을 이해하기 위해서는 블로그가 생겨난 맥락을 살펴보는 것이 가장 좋을 것 같다. 외국의 경우 한국의 PC통신으로부터 이어진 인터넷 문화의 맥락과는 다른 경험을 갖고 있다는 것을 상기할 필요가 있기 때문이다. 외국에서는 유즈넷과 뉴스 그룹이라는 형태의 온라인 소통 도구가 많이 사용됐다. 이것은 본질적으로는 우리가 사용했던 PC통신의 게시판 등과 비슷한 형태이나 주제별로 다른 도메인을 갖고 있다는 점이 달랐는데, 이것을 좀 더 토론에 적합한 형태로 온라인에 구현한 '인터넷 포럼' 형태가 유행하게 되면서 한국과는 전혀 다른 맥락의 인터넷 문화가 형성된 것이다. 블로그가 이러한 포럼형 게시판의 형태로부터 비롯된 것으로 본다면, 인터넷 포럼형 게시판에서 사용자가 선택하는 '특정 주제'를 '블로그의 표제'로 이해하고 '일렬로 나열되는 여러 사람의 코멘트의 모습'을 '개인 블로그의 형태'로 이해할 수 있을 것이다. 즉, 블로그는 일종의 개인화된 인터넷 포럼 게시판으로 설명할 수 있다.

물론 블로그의 기원을 근거로 하면 다른 설명도 가능하다. 서구의 경우 PC통신과 같은 폐쇄형 온라인 서비스가 아니라 개방된 형태인 인터넷을 이용한 온라인 문화가 더욱 빨리 정착했을 것이다. 인터넷에서 개인이 게시판의 형태를 구현하는 것은 상당한 프로그래밍적 지식이 필요하므로, 인터넷에 글을 게시하기 위해서는 개인이 가진 온라인 계정에 간단한 HTML 코드를 이용한 원시적인 페이지를 만드는 수밖에 없었다. 일기를 날마다 올리려고 하면, 기존에 작성했던 HTML 코드를 직접 수정해 맨 앞에 오늘의 일기를 추가로 구분해서 삽입하는 수밖에 없다. 최초의 블로그라고 불리는 비디오 게임·영화 제작자 저스틴 홀의 웹 사이트 역시 이러한 방법으로 작성됐다.

기원을 어떻게 설명하든 분명한 것은, 블로그라는 온라인 도구의 유행이 국내 인터넷 문화의 연장선상에서 자연스럽게 맥락화된 것은 아니라는 것이다. 즉, 이미 PC통신으로부터 이어지는 제로보드의 경험을 갖고 있는 한국 네티즌들에게 블로그는 일종의 '수입된 문화'로서 받아들여졌다고 볼 수 있다. 블로그가 인터넷의 세계적 유행으로서 활약하게 된 계기는 2003년 이라크전 당시 한 이라크인이 자신의 블로그를 통해 종전을 주장한 것이 세계적 화제가 됐던 일인데, 이러한 유행 덕에 세계 네티즌들의 인터넷 이용 행태는 자신의 개인 블로그를 만들어 1인 매체를 운영하는 것으로 수렴된 것이다.

한국의 경우 사람들의 블로그 활용 형태를 크게 두 가지로 분류할 수 있다. 첫 번째는 블로그라는 도구의 본 취지에 맞는, 개인이 운영하는 매체와 같은 것으로 사고하는 형태다. 특정 주제를 다룬 게시물들을 하나의 블로그로 운영하며 불특정 다수에게 정보를 전달하는 것을 목적으로 하는 것이다. 이러한 형태의 대표적인 예로 소위 정치 평론 블로그, 맛집 블로그, 패션 블로그, 요리 블로그 등을 꼽을 수 있으며, 경우에 따라서 한 개인이 서로 다른 주제를 다루는 여러 개의 블로그를 운영하는 경우가 있기도 하다.

두 번째는 블로그를 싸이월드 미니홈피와 같은 개인적 공간으로서 사용하는 경우다. 이런 경우 블로그 운영의 목적은 정보의 공유나 이를 가공하여 전달하는 매체와 같은 공적 활동의 도구가 아니라, 자신의 근황, 잡감 등을 게재하며 이를 매개로 다른 사람들과 친분 관계를 맺는 것에 집중된다.

네이버의 블로그 서비스의 '서로 이웃' 등의 개념은 블로그를 싸이월드 미니홈피처럼 운영하도록 한다는 데에서, 또한 이것이 네이버라는 포털 사이트 전체의 맥락 속에서 자리하게 된다는 점에서 과거 PC통신의 서로 쪽지를 보내고 채팅을 하는 등의 활동과 연결된다. 반면 이글루스나 티스토리

등의 블로그 서비스는 블로그 포스팅들을 주제별로 정렬하여 사용자에게 제공한다는 점에서 후자보다는 전자의 기능, PC통신 시대로 말하자면 동호회나 게시판에 글을 쓰고 의견을 나누는 활동의 연장으로 파악될 수 있을 것 같다.

SNS의 시대

대표적인 SNS를 꼽으라고 하면 많은 사람들이 페이스북과 트위터를 이야기할 것이다. 이는 전 세계의 수많은 SNS가 이 둘의 아류에 속하는 것으로 파악된다는 점에서 적절한 대답이라고 말할 수 있다. 그런데 이 두 서비스를 SNS라는 하나의 범주로 묶는 것이 적절한 것일까?

이러한 질문에 답을 얻기 위해서는 먼저 '마이크로블로그microblog'라고 잠시 불렸던 흐름에 대해 알아야 할 필요가 있을 것 같다. 마이크로블로그란 앞서 설명한 블로그라는 도구를 소박한 형태로 개량한 것으로, 블로그의 경우 하나의 게시물을 작성하는 데 어떠한 제한도 없는 것과 달리 마이크로블로그는 140자나 160자 등 개별 게시물의 길이를 제한한다는 차이점이 있다. 이를 통해 얻을 수 있는 효과는 게시물이 매우 빨리 작성된다는 것이며, 따라서 정보의 유통에 있어서도 신속성이 보장된다는 것이다. 이러한 서비스의 시초는 트위터이며 국내에도 이를 모방한 여러 가지 서비스가 존재해 왔다. 대표적인 것으로 미투데이가 있으며 플레이톡, 요즘, 커넥트, 토씨 등도 모두 이러한 범주에 들어간다고 말할 수 있다.

반면 페이스북의 경우는 이러한 마이크로블로그 서비스들과는 다른 맥락에서 존재한다고 말할 수 있을 것 같다. 서비스가 시작된 형태를 봐도 그렇다. 페이스북은 미국의 명문 대학생들을 대상으로 하는 일종의 폐쇄형 온라인 커뮤니티로 서비스가 시작됐다는 점에서 앞서 언급한 마이크로블로그들과 시작점이 다르다. 이것은 인터넷의 익명성이라는 특성을 십분 활용한 다른 도구들보다는 오히려 한국 PC통신 시대의 추억을 떠올리게 하는 것이다.

트위터의 경우 창업자인 에반 윌리엄스가 "트위터는 SNS라기보다는 real-time information network라고 정의할 수 있다"고 밝히기도 하였는데, 이것은 페이스북과 트위터의 차이를 가장 직접적으로 드러내는 언급이라고 평가할 수 있다. 실제로 페이스북의 창업자인 마크 주커버그는 오프라인에서의 자아와 온라인에서의 자아를 일치시키는 것이 앞으로 인터넷 문화가 나아가야 할 길이라고 밝힌 바 있다. 그래야 오프라인에서의 인간관계가 고스란히 온라인 서비스에 반영될 수 있고, 오프라인에서의 교분과 온라인에서의 SNS 활동이 연결될 수 있기 때문이다. 페이스북과 트위터가 가진 형태의 차이는 향후 인터넷 문화의 청사진이라는 점에서 서로 화해할 수 없는 것으로 평가할 수 있다. 일반적으로 통용되고 있는 개념을 보면 마치 의견을 나누고 정보를 공유하는 불특정 다수를 대상으로 한 어떤 공적 활동에 적합한 솔루션이 트위터이고, 개인적 교분을 나누고 사적 활동의 통로로서 활용하기 적합한 솔루션이 페이스북이라는 결론을 얻을 수 있을 것 같지만, 이 서비스들의 차이는 여기에서 그치는 것이 아니라는 것이다.

이를테면, 사적 활동의 통로로서 트위터를 활용하는 사람들이 있다. 이들은 페이스북이 내세우고 있는 '소셜 네트워킹'의 필요성에는 동감하면서도 인터넷의 익명성이라는 가치를 부정하는 방향에는 동의하지 못하는 사람들이다. 동시에 페이스북을 공적 활동의 기반으로서 이용하는 사람들이 있다. 이러한 사람들은 온라인과 오프라인의 자아가 이미 일치된 소위 파워 유저들, 기업인들, 정치인 지망생들 등에 속하는 사람들이라고 말할 수 있을 것이다. 즉, 이들은 서비스의 궁극적 지향이라는 측면에서 예외적인 존재들이고, 이들의 존재가 역설적으로 페이스북과 트위터로 비교되는 패러다임 대결의 일단을 보여준다고 말할 수 있다.

페이스북이 대표하는 흐름은 인터넷 전체를 과거 PC통신과 같은 수준의 폐쇄적 환경으로 만들어야 한다는 것이다. 페이스북이 구상하는 인터넷 세계는 궁극적으로 페이스북을 통하지 않고서는 어떤 것도 할 수 없는 세계이다. '6억 명의 가입자'라는 요소는 페이스북으로 하여금 기업과 자본주의 시스템 일부를 제어할 수 있는 힘을 갖게 만든다. 페이스북의 계속된 성장은 기업들에게 자사의 상품들을 전문적으로 판매하는 쇼핑몰을 따로 갖추기보다는, 단지 페이스북 내의 페이지에 페이스북에서 통용되는 결제 시스템을 이용할 수 있도록 하는 것이 오히려 이득이라는 결론을 내리도록 할 것이다.

이러한 디스토피아가 페이스북이 그리는 인터넷의 미

래라면 트위터는 지금까지 부각된 인터넷의 미덕(?)을 지키려는 보수적 수호자로서의 역할을 자임하는 것이라고 표현할 수 있을 것 같다. 트위터는 익명의 제보를 존중하며, 이것을 통해 제공된 정보의 무제한적 공유를 지원하고, 이를 통해 이루어지는 정치적 격변을 방관한다. 이러한 상황은 중동 지역의 몇몇 국가에서 벌어진 민주주의 혁명과 버락 오바마의 성공 등에서 발견할 수 있는 것들이다. 그리고 이는 인터넷이 처음으로 담론 형성의 도구가 됐을 때 이에 대한 찬양을 늘어놓던 사람들이 칭송하던 혁명적 변화와 동일한 차원에 있는 것이다.

즉, 어떤 차원에서 보면 페이스북의 성장은 '인터넷 정신'으로 대표되는 기존 질서에 대한 도전이자, 'PC통신'으로 대표되는 구질서의 고지 탈환으로 묘사할 수 있을 것 같다. 난립하는 수많은 SNS들이 큰 방향에 있어서는 트위터의 그것을 답습하고 있으면서도 내용적으로는 페이스북의 장점을 일부 취하려는 시도를 벌이고 있다는 것이 이 승부의 향방을 쉽게 예측할 수 없게 한다.

그러나 최근 기업 공개를 통한 자본주의적 질서의 완전

한 편입에 페이스북이 적응하지 못했다는 점, 페이스북이 프라이버시 문제와 관련한 끊임없는 논란에서 자유롭지 못하다는 점, 세계적으로 자유주의 진영의 다시 한 번의 성장이 예측된다는 점(비록 페이스북이 민주당에 정치자금 후원을 하고 있다고 하더라도!) 등은 종전으로 이르는 길이 쉽게 나타나지 않을 것임을 나타내고 있는 것 같다. 트위터 대 페이스북, 인터넷의 지배적 질서는 과연 변화할 것인가? 국내의 이용 형태는 이러한 패러다임의 대결과 다소 유리되어 있는 것 같긴 하지만, 이것이 앞으로 지켜볼 만한 주제라는 점은 명백한 것 같다.

4장

셀러브리티를 위한 트위터 사용법

—— 최태섭

어느 현자(@na****)는 다음과 같이 말했다. "트위터는 똥 싸는 곳입니다. 페이스북은 똥을 싸고 사진을 찍어 친구들에게 보여주는 곳이고요. 블로그는 그 사진을 연도별로 정리해서 컬렉션하는 곳이죠." 이 이야기를 들은 어느 중생이 그럼 싸이월드는 무엇이냐고 물었다. 그러자 현자 답하길, "싸이월드는 똥을 싸면 남이 퍼 갑니다."

한국에 트위터가 정식으로 서비스된 지도 1년이 넘었다. 트위터는 페이스북과 함께 한국 사회에 SNS 바람을 일으키며 인터넷 여론의 새로운 핵으로 떠올랐다. 하지만 좀 더 주목을 받은 것은 트위터였다. 페이스북에게는 싸이월드라는 유사한 전임자도 있었던 데다가, 어쨌거나 긴 글을 쓰는 곳이라는 압박감도 존재했다. 반면 트위터는 140자라는 제한이 오히려 득이 되었다. 긴 글로 자신의 생각을 표현하기 어려운 이들도 한 문장 정도의 단문은 쓸 수 있기 때문이다. 게다가 우리들의 시대가 3줄 요약이 없는 긴 글에 분노하고 있다는 사실을 떠올려보면 단문의 승리는 불가피한 것이기도 하다.

140자. 이런 알 듯 모를 듯한 글자 수가 채택된 이유는 트위터가 기본적으로 스마트폰을 위해 만들어졌기 때문이다. 트위터 본사의 설명에 의하면, 160자는 미국에서 핸드폰으로 한 번에 전송할 수 있는 텍스트 메시지의 글자 수다. 그중에서 20자는 사용자의 이름을 표시하기 위해 빼고, 나머지 140자가 사용자에게 주어진다.

그런데 이 140자 속에는 부연 설명과 우회로와 변명이 들어갈 자리가 없다. 덕분에 트위터는 사용자의 '의식의 흐름'을 적나라하게 노출하기가 쉽다. 물론 일반인들의 의식의 흐름이 다른 사람의 관심을 불러일으킬 확률은 높지 않다. 그런데 그가 만약에 유명한 사람이라면? 곧바로 멘션 통에는 불이 붙고, 수백에서 수천 번 심하면 수만 번의 리트윗이 반복되다가, 다음 날 아침에는 그 트윗을 주제로 한 수많은 신문 기사들을 접하게 될 터다. 대중과의 소통을 위해 트위터를 시작한 유명인들에게는 크나큰 시련이 아닐 수 없다.

이미 트위터는 '유명인들의 무덤'이라고 불러도 될 정도로 크고 작은 설화舌禍, 아니 지화指禍가 벌어졌다. 수많은 유명인들이 무심코 올린 트윗 때문에 고초를 겪었고, 뜻하지 않게 속마음을 노출했으며, 새로운 안티를 얻었다. 이런 사태를 방지하기 위해서는 트위터라는 매체에 대한 이해와 더불어 몇 가지 행동 수칙들이 필요하다. 다른 파워 트위터리안들의 사례를 통해서 올바르고 쾌적한 트위터 생활을 위한 수칙들을 알아보자.

수칙 1. 트위터의 기본 개념을 숙지하라

트위터는 새로운 방식의 매체이고 다소 생소한 개념들이 많다. 때문에 트위터를 제대로 이용하기 위해서는 이 개념들에 익숙해질 필요가 있다. 트위터의 주요 개념들은 다음과 같다.

@트윗

140자 이하로 작성되는 트위터상의 글 하나의 단위. 한 트위터리안에 의하면 조정래의 대하소설 『태백산맥』이 원고지 1만 6500매 분량인데, 이것을 140자의 트윗으로 환산하면 약 2만 3000개가 된다고 한다. 자신의 트윗 수가 2만 3000개가 넘어가는 이들은 자부심을 가지자.

@팔로잉, 팔로워

트위터는 팔로잉과 팔로워라는 시스템을 통해서 네트워크를 형성한다. 팔로잉이란 내가 다른 사용자의 트윗을 내 타임라인에서 구독하겠다는 의미이고, 팔로워는 나의 트윗을 자신의 타임라인에서 구독하는 이들을 일컫는다. 한국의 트윗 문화에서는 맞팔(맞팔로잉)이라는 신기한 문화가 등장했는데, 내가 팔로잉한 상대에게 자신을 팔로우해줄 것을 요청(요구)하는 것이다(ex: @아무개 선팔합니다^^ 맞팔 요청!). 대부분의 셀러브리티의 경우 팔로잉과 팔로워의 비율에서 압도적인 차이가 난다. 이 비율이 크면 클수록 사용자의 셀레브 함이 돋보인다는 알 듯 모를 듯한 속설이 있다. 또 한때 '10만 팔로워 만들기'라는 것이 유행하기도 했는데, 무차별적인 팔로우 및 맞팔 요청 등을 통해 10만 명의 팔로워를 만들고 근거 없는 자부심을 갖는 이상한 행동이었다.

@언팔, 블록

팔로우했던 사용자의 트윗을 더 이상 구독하지 않기 위해서 언팔로우하는 것. 혹여 당해도 죽지 않으니 안심해도 좋다. 반대로 누군가를 언팔했다는 이유로 살해를 당한 사례는 아직 보고되지 않았다. 블록은 언팔보다 상위의 단계로 해당 사용자가 나에게 멘션을 보내거나 내 타임라인에 나타나는 것을 원천 봉쇄하겠다는 뜻이다. 정신 건강에 해를 끼치는 사용자가 자꾸 시비를 걸어 오거나 목격될 때에 사용하면 좋다.

@타임라인

타임라인은 내가 팔로잉한 이들과 나의 트윗이 올라오는 화면을 뜻한다. 팔로워가 10만이어도 팔로잉한 사람이 500명이라면 나의 타임라인에서는 그 500명의 트윗만 볼 수 있다. 타임라인의 구성은 매우 편파적일 때가 대부분이며, 단적인 예로 지난 4·11총선에서는 "내 타임라인에서는 진보신당이 여당, 녹색당이 야당이었다"며 씁쓸함을 호소한 이들이

다수 있었다. 이 개념을 이해하지 못한 대표적인 케이스로는 '명품 타임라인'이라는 이해 불명의 계정명을 들 수 있다.

@ 멘션

멘션은 특정한 사용자에게 말을 거는 것을 의미한다. 멘션을 보내기 위해서는 내가 멘션을 보내고자 하는 사용자의 계정명(@아무개)을 쓰고, 보내고자 하는 내용을 쓰면 된다. 셀러브리티들의 경우 타임라인보다도 멘션 창이 더 번잡해지는 경우가 많다.

@ DM

다이렉트 메시지의 약자로 서로 팔로우가 되어 있는 경우에만 보낼 수 있는 비밀 쪽지 기능이다. 매우 사적인 이야기는 멘션보다는 DM을 이용하는 것이 좋은데, 아는 사람에게 굳이 DM을 보내는 것보다는 전화를 거는 것이 낫다.

@ 리트윗RT과 구(수동)RT

리트윗은 트위터가 제공하는 기능으로, 마음에 드는 다른 사용자의 트윗을 나의 팔로워들에게 재전송하는 기능이다. 기본적으로 RT된 트윗들은 원래 트윗을 작성한 사용자의 아이디를 그대로 보여주며, 원 트윗이 삭제될 경우 RT도 함께 삭제된다. 그러나 다른 사용자의 트윗을 그대로 놓고 거기에 첨언을 하게 될 경우에는 해당 내용이 첨언자의 계정에 저장된다. 이것을 '구RT'라고 부른다. 그런데 일부 사용자들이 개인의 프라이버시나 민감한 내용을 구RT하거나 첨언을 위해 원저자의 글 일부를 삭제해 본뜻을 왜곡하는 일이 발생하는 바람에 일군의 사용자들 사이에서 구RT 거부가 확산되었다. 주로 트윗에 무심한 중년 남성 사용자들이 이런 구RT 실수를 자주 저지르곤 하는데, 젊은이들의 규탄을 피하기 위해서는 함부로 구RT를 하지 않는 것이 좋다.

@봇 bot

트위터용 애플리케이션을 이용해서 특정한 트윗들을 반복적으로 올리는 계정들을 뜻하는 말. 종종 관리자들이 트윗을 올리기도 하는 반인 반봇들도 많이 있다.

> 지젝봇@zizek_bot 비아그라는 거세의 궁극적 작인이다. 남자가 그 약을 삼키면 그의 음경은 기능한다. 하지

만 그는 상징적 능력의 남근적 차원을 박탈당한다. 비아그라 덕분에 성교를 할 수 있는 남자는 음경은 있지만 남근은 없는 남자인 것이다.

@파워 트위터리안

트위터에서 큰 영향력을 발휘하는 사용자를 일컫는 말. 기준은 명확하지 않으나 팔로워가 많고 트윗을 올렸을 때 RT가 많이 되는 이들을 일컫는다. 그런데 문제는 트위터를 통해서 유명 인사가 된 사람은 거의 없고, 유명 인사가 트위터를 열심히 해서 파워 트위터리안이 된 것이 대부분이라는 사실이다. 또 대부분의 파워 트위터리안들은 야당에 가까운 정치 성향을 가지고 있고, 지난 4·11총선에서는 투표율 70% 돌파를 두고 정체불명의 공약들이 남발되기도 했다.

이외수: 스포츠머리로 삭발하겠다.
조국: 망사 스타킹 신겠다.
공지영: 아이유 코스프레 하겠다.
김제동: 상의 탈의하겠다.
외 다수

수칙 2. 트위터의 목적을 명확히 하라

트위터를 통해서 할 수 있는 가장 기본적이고도 핵심적인 일은 다수의 대중과의 소통이다. 그러나 유명인의 경우 소통을 갈구하는 어마어마한 수의 대중이 언제나 멘션 창을 두드리기 때문에 일일이 응대하기는 어렵다. 그러므로 트윗을 통해 하고 싶은 일이 무엇인지에 대해 목적을 명확히 하는 편이 대중과의 소통 면에서도 더 도움이 된다. 다음은 대표적 파워 트위터리안들을 통해 대략적인 유형들을 간추려본 것이다.

@전투형

jungkwon chin@unheim 그만큼 해드렸으면 이제 지나가세요. 더 덤비셔야 강장동물 아래로 내려가는 길밖에 없을 겁니다.

A : 글쎄요 뭐 덤빈다기보다는 그냥 진짜로 "슬쩍" 지나가는건데 과민반응 참 심하시네요 ㅋㅋㅋㅋ 아… 같은 사상계라도 어떤 교수님은 진짜 소통이 어떤건지 알려주시는 교수님이 있던데… 그분하고 참 대조되네용~~

jungkwon chin@unheim 그런 걸 '종간 소통'이라고 해

요. 인간과 토끼, 인간과 말미잘 사이의 소통. 그 교수님은 종간 소통 능력을 가지신 거죠. 정말 부럽네요.

트위터를 통해 전투를 벌이고 싶은 당신. 주의할 사항은 트위터가 한 번에 140자밖에 허용하지 않는다는 점이다. 따라서 글자 하나하나에 혼과 기합을 실어 상대방에 대해 일갈을 날리는 것이 중요하다. 적이 못 알아먹을 수준의 현학적인 표현이나 장황한 표현, 혹은 맥락 없는 욕설 등은 당신의 논리가 상대방을 압도했다고 하더라도 상대방의 정신 승리만을 부추길 뿐이다.

@ 명언형

이외수@oisoo 조상들은 빈 밥상 위에 냉수 한 사발 달랑 올려놓고도 천지신명께 간절히 빌기만 하면 소원을 들어주신다고 믿었습니다. 그런데 요즘은 전 재산을 갖다 바쳐도 가정파탄이나 안겨 주는 신들이 참 많아졌습니다. 조심하세요. 무능한 신일수록 돈 욕심이 많습니다.

주로 작가들에게서 많이 보이는 유형으로, 140자 이내로 직접 작성한 명언들을 남긴다. 명언을 남기기 위해서는 어느 정도 문장력이 필요하기 때문에, 하고 싶다고 다 되는 유형은 아니다. 사실 트위터상의 명언은 이런 셀러브리티나 파워 트위터리안보다는 무명의 일반 사용자들에 의해서 작성되는 것들이 훨씬 많다. 또 자만하다 보면 명언을 남기겠답시고 오버하다가 수많은 이들에게 욕을 얻어먹는 것도 가능하다.

> 이외수@oisoo   A4 한 장 분량의 자소서조차 변변하게 작성치 못하는 실력으로 취업이 안 된다고 세상을 한탄하는 젊은이들이 적지 않습니다. 그대가 회사 간부라면, 금쪽같은 시간을 악플이나 남발하는 일로 소일하는 잉여인간을 사원으로 채용하고 싶겠습니까.

@ 정치 혹은 정파형

대부분의 정치인들이 트위터에서 새로운 지지자들을 얻고 세를 규합하는 것을 꿈꾼다. 그러나 이것이 선거에 실질적인 도움이 되고 있는지는 사실상 미지수다. 가령 지난 10·26재보선에서는 박원순 후보의 서울 시장 당선에 일등

공신으로 꼽혔던 나꼼수와 트위터가, 4·11총선에서는 큰 힘을 발휘하지 못했다는 분석들도 등장하고 있다. 간혹 트위터를 잘 파악하지 못하는 중·장년 정치인들이 웃음을 주기도 한다.

이재오@JaeOhYi 이제사말인데내손때가묻은자전거를선거운동중예일 목욕탕입구에세워놓고사층에인사하고내려오니없어졌다누군가꼭필요해서가져갔으면잘타시고선거방해할생각으로가져갔으면선거끝났으니그자전거를돌려주면안될까요비싼것은아닌데내가오래타던거라서운해서요.

김문수@kimmoonsoo1 할수있다! 하면 된다! 해보자! 긍정&도전정신이 중요하다고 생각합니다 RT@luckyyourheaven: @kimmoonsoo1 단순한 보조금 지원정책 말고 한국 농업계가 fta 틈사이에서 살아나려면 어떤 대책이 있을까요.

@멘탈 붕괴형

공지영@congjee 일전에 한의사분을 만났는데 김대중 노무현 대통령때는 산삼이 그리 많이 나더니 명박시절에는 산삼도 안나서 긴급한 병자에게 투입할 수가 없다고 하소연하신다. 믿거나 말거나지만 나도 모르게 고개가 끄덕여진건 왜일까?

돌아가는 상황, 자신의 처지, 생득적/기질적 원인 등에 의해 트위터상에서 멘탈 붕괴를 적나라하게 노출하는 이들이다. 공지영의 산삼론은 트위터상에서 대대적인 화제를 불러일으키며 다른 수많은 사용자들에게까지 연쇄 멘붕을 일으켰다. 이 부류에 속하는 이들은 본인들이 목적이 있다고 주장하고 또 그렇게 믿고 있으나, 대체 그게 무엇인지를 파악하기가 어렵다는 점에서 곤란하고 어려운 유형이다. 평소 정상적으로 사용하던 사용자들도 때에 따라서 멘탈 붕괴형으로 바뀌곤 하는데, 셀러브리티라면 이런 멘붕 상황을 잘 넘겨야 새로운 흑역사를 만들지 않을 수 있다. 멘붕이 지나칠 경우 본인뿐만이 아니라 소속 기관, 단체, 지인들까지도 멘붕의 소용돌이 속으로 끌고 들어갈 수 있다는 사실을 명심하는 것이 좋다. 이런 멘붕의 순간들은 관찰자들에게는 셀러브리티의 진면목을 확인하는 결정적 장면으로 남게 된다.

> 강용석@Kang_yongseok 씨발 세상 조가타…인생 사십 넘게 살아보니 결국 제일 중요한건 부모잘만나는것… 정치 존나게 해봐야 부모 잘만난 박그네 못조차가…ㅋㅋ…부카는 김정인쵀고…왕후장상 영유종호…

> 이택광@Worldless 어차피 이번 인생은 조졌다.

@ 요정형

트위터상에서도 셀러브리티의 위엄을 잃지 않으면서 동시에 스스로를 더 돋보이게 만드는 흔치 않은 유형이다. 문제는 요정이 되기 위해서는 이미 현실 세계에서도 요정의 조건을 갖추고 있어야 한다는 것이다. 지성, 외모, 재력, 지위, 명예 등등에서 빠지는 것이 없으면서도 강고한 멘탈과 겸손한 태도까지 갖추고 있어야 한다. '그런 게 세상에 있을 리가 없어!'라고 외치고 싶겠으나, 그것이 실제로 일어난 매우 흔하지 않은 케이스가 있다.

jungkwon chin@unheim @patriamea 너 같은 엄친아 때문에 애먼 이웃집 애들이 얼마나 수난을 당했을지 생각하고, 평생 속죄하는 맘으로 살거라… ^^

조국@patriamea 항상 '속죄' 중이다. ^.^ RT @unheim: @patriamea 너 같은 엄친아 때문에 애먼 이웃집 애들이 얼마나 수난을 당했을지 생각하고, 평생 속죄하는 맘으로 살거라… ^^

@그 외
트위터에는 이외에도 수많은 형태의 셀러브리티 사용자들이 존재한다. 홍보, 생활, 취미, 음식, 여행, 직업, 학술 등등. 자신의 강점을 잘 파악하고, 오버하지 않으면서 적절한 센스를 발휘하는 것이 트위터를 잘 활용할 수 있는 가장 훌륭한 방법이다.

셀러브리티는 유명인이 아니라 유명하기로 유명한 사람.
— 어느 트위터리안

수칙 3. 당신이 셀러브리티임을 잊지 말고 강고한 멘탈을 길러라

사실 이 세 번째 수칙이야말로 트위터 사용에 있어서 가장 중요한 것이라고 할 수 있다. 트위터는 휘발성과 직접성이 강하고, 단문이라는 특징 때문에 사용되는 표현이나 언어도 강렬한 매우 뜨거운 매체다. 여기에 엄청난 숫자의 팔로워, 리트윗, 멘션들을 보다 보면 그 누구라도 평정심을 잃고 이 소용돌이 속으로 빠져들게 되기 쉽다.

그러나 트위터를 좀 더 천천히 살펴본다면 생각과는 많이 다르다는 것을 알게 된다. 사실 타임라인을 보면서 이것을 '여론'이라고 생각하는 것은 내 옷장을 보면서 그것을 '유행'이라고 생각하는 것과 비슷한 행위다. 타임라인의 구성은 결국 사용자의 의견과 비슷한 그룹들을 중심으로 이루어질 가능성이 매우 높다. 140자라는 한계 안에서 서로 다른 의견이 충돌하고 토론해서 합의점을 찾아내는 것은 매우 어려운 일이기 때문이다. 극단의 대화보다 가까운 것은 언팔과 블록이다. 사용자의 정신 건강을 위해서도 이것이 훨씬 더 좋다는 것은 이미 수많은 사례들로 입증된 바다.

따지고 보면 트위터는 인터넷이 등장한 이후에 계속 진행되어왔던 '개인화'의 하나의 정점과도 같은 매체다. 트위터는 게시판, 홈페이지, 블로그, 싸이월드 등 기존의 도구들이 가지고 있었던 개방과 폐쇄의 문제를 오묘하게 해결해냈다. 인터넷상의 거의 모든 발언은 관객을 원하지만, 그것이 지나치게 오픈된 곳에서 행해진다면 원하지 않은 반응들을 맞이하고 대응해야 하는 위험을 가진다. 그러나 트위터에서는 나에게 상처를 주지 않을 가능성이 큰 관객들 앞에서 하고 싶은 이야기를 하는 것이 훨씬 수월해진다. 다시 말해 '관객도 얻고 상처도 받지 않을 수 있는 무대'를 가장 근접하게 재현한 시스템인 것이다.

물론 그렇기 때문에 아무런 의미가 없다는 것은 아니다. 가령 트위터는 서로 비슷한 생각을 하고 있으나 존재를 알지 못하던 사람들을 네트워크로 이어주는 것에 큰 역할을 했다. 따지고 보면 트위터에서 발휘되는 파워 트위터리안들의 영향력이라는 것도 이런 네트워크의 결집점 같은 역할에 좀 더 가깝다. 때문에 트위터를 통해서 뭔가를 도모해보려는 사람이라면 자신의 정도를 지키는 것만큼 훌륭한 활동은 없을 것이다. 지지자들이 치켜세우고 안티들이 욕을 한다고 해도 어차피 당신은 이미 셀러브리티가 아닌가! 부화뇌동하지 않고 신중하게 자리를 지킨다면, 당신의 현실 세계에서의 삶과 마찬가지로 트위터에서도 원하는 바를 이룰 수 있을 것이다.

마지막으로 트위터에 대한 한 가지 중요한 의견을 소개하며 이 글을 마치고자 한다.

> 트위터는 인생의 낭비다 솔직히 인생에는 더 많은 것들을 할 수 있다. 차라리 독서를 하기 바란다.
> ― 알렉스 퍼거슨 맨체스터 유나이티드 감독

5장

나에게
트위터란

―― 김남훈

소프트뱅크 손 마사요시 회장. 그는 트위터에 대해서 이렇게 정의했다. "대뇌와 소뇌를 벗어난 외뇌"라고 말이다. 불굴의 정신력으로 기업을 일군 기업가답게, 그는 트위터의 집단 지성 혹은 확장 가능한 다른 사고 기능에 주시했다. 나에게 트위터는 일종의 번뇌이다. 우리가 흔히 접하는 방송 뉴스나 신문은 사건 현장에서 기자의 취재를 통하고 데스크의 교열과 편집을 통하고 인쇄 및 전송 작업을 통해서 대중에게 전해진다. 그러나 트위터는 사건 현장의 당사자가 고통에 일그러지고 무너져 내려가는 모습을 생생하게 전한다. 내가 KBS의 〈호루라기〉라는 TV 프로그램에서 고발 코너를 진행할 때

나를 가장 괴롭혔던 것은, 바로 이 모자이크와 편집이 없는 날것의 생생함이었다. 시청자가 보기 힘든 장면은 모자이크를 입히거나 편집을 통해서 들어낸다. 그러나 현장에서는 당연히 그런 게 있을 리가 없다. 음성변조와 일그러진 픽셀 너머로 아주 흉악한 모습을 한 가해자가 있을 것이라는 기대와는 달리, 현장에서 마주치는 가해자는 모두 평범한 우리의 이웃과 똑같은 얼굴을 하고 있었다.

트위터도 마찬가지다. 22번째로 세상을 떠난 동료의 보도 자료를 이제 이름만 바꿔서 그대로 내보낸다며 울부짖는 쌍용차 해고 노동자들의 고통, 자신의 모든 것을 바쳐서 일군 삶의 터전을 빼앗긴 홍대 두리반과 명동 마리 업주들의 하소연, 하루 식비 300원의 어이없는 대우를 받아야 했던 청소 노동자들. 억울해서 죽고 굶어서 죽고 미쳐서 죽어가는 사람들의 생생한 이야기는 타임라인과 나 사이에 아픔의 동기화를 매번 일으킨다. 그래서 트위터는 일종의 조울증을 일으키기도 한다. 아픔에 공감하고 분노로 혈압이 치솟지만, 이내 올라오는 굴욕 사진과 말장난 개그에 키득대고 웃는 것이다.

트위터는 종합 격투기다. 종합 격투기가 등장하기 전까

지 복싱, 태권도, 레슬링 각 분야의 선수들은 자신들이 속한 리그가 정한 룰에 따라서 연습을 했고 그 룰에 맞추어 승패를 겨뤘다. 유도 선수는 상대를 주먹으로 공격할 수 없었고, 복서의 발차기는 상상도 할 수 없었다. 태권도 선수는 언제나 꼿꼿이 선 상태에서 경기를 치렀다. 그러나 종합 격투기는 다르다. 최대한 개방된 룰 속에서 주먹으로 때리고 발로 차고 잡아서 던지고 관절을 꺾는 공격까지 거의 모든 종류의 공격이 가능하다. 트위터에서도 모든 이슈가 산발적으로 등장하고, 그것이 다시 일련의 수열을 이루기도 하며, 계속 치고받고 싸우며 모든 분야의 이슈 파이팅이 가능하다. 정치와 시사부터 축구와 야구, 맛집과 무슨녀 무슨녀까지. 자신이 관심을 가진 모든 분야의 이슈 파이팅에 출전이 가능하고 또 새로운 주제를 이 트위터의 링으로 끌어 올릴 수도 있다. "알티해주세요!"라면서 말이다. 이 와중에 전문가들의 허상이 벗겨지기도 하고 기자들의 꼼수가 드러나는 등 기존의 언론 권력에서 상층부를 차지했던 이들이 바닥으로 내쳐지는 전복의 쾌감을 느끼게 되기도 한다. 격투기에서는 약자가 강자를 잡는 것이 최대의 즐거움. 그 즐거움이 이곳에서도 활활 끓어오르기도 한다.

트위터는 착각과 오독의 성전이기도 하다. 140자로 제한된 문장으로 압축하는 것에 실패하거나 지적 능력의 한계로 또는 의도적으로 잘못 이해하는 척하기도 한다. 아울러 접속에 주로 이용되는 스마트폰이 손에 들려 있는 상황의 특성상 전철이나 버스 등을 타고 이동하는 순간순간에 즐기는 것이기 때문에 집중하지 못해 그 맥락을 이해하지 못하고 엉뚱한 곳에서 오해의 지점이 발생하기도 한다.

이처럼 문장과 맥락 사이에서의 오독이 있다면 트위터 자체에 대한 착각도 있다. 트위터에서 사실 숫자는 무의미하다. 팔로잉은 자신이 어떤 사람이 올리는 트윗을 구독할 것인지 정하는 것으로 그 사람의 가치관을 반영한다. 팔로워도 마찬가지. 누군가 내가 생산해내는 정보에 관심이 있다는 것으로, 그 이상의 의미를 갖기는 힘들다. 그러나 몇몇 소위 '파워 트위터리안'(국내에서 만들어진 신조어)들은 자신의 팔로워 숫자를 자신의 성기 사이즈나 또는 자동차 배기량쯤 되는 양 자신의 영향력을 맘껏 뽐낸다. 또 그런 것들을 랭킹으로 만들어서 미디어들에 소개한다. 트위터가 중동에서 자스민 혁명의 시발점이 된 것은 맞지만, 그것은 각각의 사용자가 연결된 가짓수가 아니라 그 결합의 강도에 있었다. 이처럼 숫자와 순위를 숭배하는 심리 때문에 트위터로 자기 계발의 영역에 접근하는 본토 개발자들은 상상도 못했던 접근이 일어나고 트위터 계정에 대한 매매가 이루어지며 팔로워 1000명 늘리는 비법을 1대1 과외로 해준다는 요설까지 등장했다.

 트위터는 마지막 기회의 땅이기도 하다. 힘든 사람, 어려운 사람들끼리 돕는 곳. 절박한 상황에서 더 이상 어떤 도움도 구할 수 없을 때 마지막으로 자신을 도와달라고 하소연을 하는 곳이다. 어떤 이들은 생애 마지막 글을 올리기도 하고 헤어진 부모를 찾아달라고도 하며 치매에 걸린 할머니를 애타게 부르기도 한다. 지난 일본 대지진 때 자신의 집에 갇힌 어떤 이용자는 전기가 끊기고 식수가 떨어진 상황에서 몇 칸 남은 자신의 휴대폰 배터리에 의지하며 다른 사람들과 삶의 의지를 불태웠다.

 나도 백혈병으로 투병하는 딸아이에게 필요한 혈소판 헌혈을 해달라며 기도하는 심정으로 올린 어느 아버지의 트윗을 읽고 병원으로 찾아간 적이 있다. 그런데 내가 도착하기 바로 직전에 아이는 세상을 떠났고 트위터에는 그 멘션만 계속 떠돌아다녔다.

트위터는 프로크루스테스의 침대다. 그리스 로마 신화에서 영웅 테세우스는 페리테스를 격퇴하고 전리품으로 얻은 쇠망치를 들고 다니며 악한들을 징벌했다. 프로크루스테스는 '늘이는 자'라는 의미로, 그는 여행자들을 자신의 집에 끌어들여 쇠침대에 강제로 눕히고 키가 침대보다 짧은 경우에는 늘여서 죽였고 튀어나올 경우에는 잘라서 죽였다. 이처럼 트위터는 자신만의 아집이 통할 수 있는 공간이다. 폭풍 알티를 통해서 분노의 봉화를 피우고 지지자들을 멘션과 DM으로 포섭하면 충분히 이슈를 만들 수 있다. 이때 무엇이 진실이며 무엇이 가치 있는지는 중요하지 않다.

프로크루스테스는 테세우스의 쇠망치에 얻어맞는 신세였지만 현재의 또 다른 모세가 되기도 한다. 진보와 보수, 진영을 가르지 않고 나타나 자신을 선이라 하고 그 나머지를 악이라 한다. 그런데 이게 먹힌다. 오직 분노를 통해서 반응을 일으키고 선택이라는 이성을 봉쇄시키기 때문이다. 트위터의 짧은 문장의 특성상 긴 호흡의 서사적인 문장보다는 즉각적인 화학반응을 일으키는 화학조미료가 가득 들어간 자극적인 문장과 내용이 잘 어울린다. 지루하고 짜증나는 현실에서 누군가 죽도록 미워하고 죽도록 저주할 만한 상대가 있다는 것은 얼마나 행복한 일인가. 이 저주의 시스템을 잘 체득한 프로크루스테스들이 득세하는 공간이기도 하다.

트위터는 불온하다고도 한다. 섹스와 마약에 관한 잘못된 정보들이 여과 없이 돌아다닌다며, 주로 대형 메이저 언론사들이 트위터를 집에 혼자 있는 미취학 아동에게 쥐여준 라이터 같은 존재로 묘사한다. 그런데 트위터의 타임라인은 바로 본인이 구성한다. 즉 기자 본인의 타임라인에 섹드립과 비아그라 마약과 음란물이 넘쳐흐른다면 바로 본인이 그런 사람을 팔로잉하면서 그들이 만드는 정보를 구독하고 있다는 것이다. 그들에게는 트위터가 대한민국 국민에게 끼칠 해악을 걱정하기보다는, 본인들의 욕구불만 해소를 위해서 위대한 영화 평론가 허지웅 씨가 제창한 것처럼 '정기적인 자위행위의 시간'을 가져볼 것을 권한다.

트위터는 집단적인 기억의 저장소다. 거의 매일 뱉어내는 자신의 생각과 업로딩되는 사진들은 현재는 기술적인 한계로 인해 주기적으로 지워지고 있지만 곧 영구 저장될 것으로 보인다. 얼마 전 총선에서 어느 후보는 8년 전 자신의 막말을 전혀 기억하지 못했다. 그 막말 때문에 낙마했다. 우린 당연히 8년 전 아니 1년 전의 일도 기억하지 못한다. 그런데 검색하면 나온다. 거의 매일 매 순간. 자신의 생각과 위치 정보를 업로딩하는 트위터는 아마 한 세대가 지나서 존속할 수 있는 거의 유일한 서비스가 될 것이라고 본다. 난 트위터에서 알게 된 여러 인연들에 대해서 다시 알아보고 싶을 때 주고받은 멘션을 찾아본다. 어떤 사안에 대해서 공감을 표하며 의견 일치를 보기도 했으며, 때론 비분강개해 서로 떨어져 있지만 소주잔으로 건배를 하기도 했다. 때론 서로 생각이 너무 달라 블록이나 언팔 또는 뮤트 기능으로 타임라인에서 감춰놓기도 했었다. 이런 것들이 고스란히 남아 있고 아직도 그렇게 하고 있다. 인간은 기억이라는 회로를 통해서 자신의 삶을 뒤돌아보고 앞으로 있을 인생의 여러 가지 일들을 가늠한다. 그런데 점차 그 프로세스를 아주 조금씩 트위터가 대체하고 있다. 이런 식으로 나아가면 얼마 지나지 않아 기억의 의미가 새롭게 정립될지도 모르겠다.

영화 〈러브 액추얼리〉의 엔딩을 보면 공항에서 많은 사람들이 이별을 하고 재회하는 장면을 볼 수 있다. 공항이란 그런 곳이다.

준비되거나 준비되지 않은 만남과 이별이 있는 곳. 우리는 공항을 이용하면서 누가 이곳을 설계했고 시공했으며 운영하는지 큰 관심이 없다. 마찬가지로 트위터도 우리가 매일 접하는 서비스이면서도 누가 만드는지도 잘 모르고 어떻게 돈을 버는지도 모른다.

떠들썩하게 광고를 하는 자동차 회사나 이통사와는 다르게 그저 저 먼 나라의 누군가 만들었고 큰돈을 벌었다고만 한다. 이처럼 원격지에 있는 기업이 우리의 삶에 큰 영향을 끼치는 경우가 또 있었는지 궁금하다. 이렇게 존재 자체가 어렴풋하면서도 모호한, 그러면서도 활발한 만남이 일어나는 곳. 아울러 네비게이션의 지도가 통하지 않는 불확실성의 바다. 이 바다에서 어떤 만남이 있을지 아무도 모른다.

그래서 난 오늘도 타임라인을 손가락으로 긁어 내리면서 새로고침 하는 것이 너무 재밌다. 뭐가 튀어나올지 모르니까.

팸플릿 5
트위터, 그 140자 평등주의
ⓒ 이택광 박권일 김민하 최태섭 김남훈, 2012

초판 1쇄 인쇄 2012년 8월 29일
초판 1쇄 발행 2012년 9월 12일

지은이	이택광 박권일 김민하 최태섭 김남훈
펴낸이	강병철
주간	정은영
책임편집	김유정
교정	박영숙
제작	고성은
마케팅	장성준 박제연 김우진
E-사업부	정의범 조미숙 이혜미

펴낸곳	자음과모음
출판등록	1997년 10월 30일 제313-1997-129호
주소	121-840 서울시 마포구 서교동 396-33번지
전화	편집부 02) 324-2347 경영지원부 02) 325-6047
팩스	편집부 02) 324-2348 경영지원부 02) 2648-1311
이메일	inmun@jamobook.com
홈페이지	www.jamo21.net

ISBN 978-89-5707-685-9 (00300)
ISBN 978-89-5707-669-9 (set)

잘못된 책은 교환해드립니다.
저자와 협의하여 인지를 붙이지 않습니다.